Ludwig Nohl
Wagner. Eine Biografie

AF131842

SEVERUS Verlag

Nohl, Ludwig: Wagner. Eine Biografie. 2021
Neuauflage der Ausgabe von 1890
ISBN: 978-3-96345-288-8

Satz: Friederike Grube
Ergänzendes Vorwort: Friederike Grube, SEVERUS Verlag

Umschlaggestaltung: Annelie Lamers, SEVERUS Verlag
Umschlagmotiv: www.pixabay.com

Bibliografische Information der Deutschen Nationalbibliothek: Die Deutsche Nationalbibliothek verzeichnet diese Publikation in der Deutschen Nationalbibliografie; detaillierte bibliografische Daten sind im Internet über https://dnb.de abrufbar.

Der SEVERUS Verlag ist ein Imprint der Bedey & Thoms Media GmbH, Hermannstal 119k, 22119 Hamburg

SEVERUS Verlag, 2021
http://www.severus-verlag.de
Gedruckt in Deutschland

Ludwig Nohl

Wagner
Eine Biografie

SEVERUS

Inhalt

Vorwort des Verlags

„Wagner gab dem Leben der Nation und der Menschheit mit seinem künstlerischen Schaffen einen tiefen Gehalt", schreibt der Musikwissenschaftler Ludwig Nohl in seinem Vorwort zu der vorliegenden Biografie. Dieses große Kompliment für Wagners musikalisches Schaffen ist ohne Zweifel anzuerkennen. Zum einen aus historischer Perspektive, da er als der „Erneuerer der Oper" gilt. Mit innovativen Ideen veränderte er die damalige Oper: So standen Opernsängerinnen und –sänger nicht mehr nur als Sänger, sondern als Schauspieler auf der Bühne und auch die Rolle des Dirigenten veränderte Wagner, indem er dem Dirigenten zugestand, Angaben der Komponisten zu Tempi und Dynamik neu zu interpretieren oder mit mehr Gestik zu arbeiten.

Zum anderen aus aktueller Sichtweise. Denn auch die heutige Musiklandschaft beeinflusst Richard Wagner mit seinem künstlerischen Schaffen. Insbesondere in Soundtracks bekannter Filme finden sich Werke des deutschen Komponisten. Wohl jeder kennt die Anfänge des Walkürenritts aus dem zweiten Teil des Ring der Nibelungen und muss bei den drohenden Geigenklängen unweigerlich an Filme wie „Apokalypse Now", „Blues Brothers" oder „Watchmen" denken.

Jedoch war Richard Wagner nicht nur künstlerisch aktiv und gefeiert, sondern auch politisch mischte er sich ein. In Nohls Biografie kommt beispielsweise Wagners nationalistische Ideologie zum Vorschein. Nohl schreibt: „ein heroisch gestimmter Patriotismus ergriff ihn, freilich nicht entfernt von politischer Natur, denn er vergaß nicht des seligen Bundestages und seines Verfolgens jeder Freiheitsbestrebung, aber als eine sichre Ahnung der großen Zukunft seines Vaterlandes". Zu der Zeit, als Richard Wagner lebte, galt eine nationalistische Gesinnung sicherlich als positiver als in der heutigen Zeit. Denn die Personen, die damals eine geeinte Nation, also eine Republik forderten, galten als fortschrittlich. 42 Jahre vor Erstveröffentlichung Wagners Biografie, 1848, schien Deutschland kurz vor diesem Schritt zu stehen. Auch Pressefreiheit, die Befreiung der Bauern und weitere liberale Forderungen wurden an die regierenden Monarchen herangetragen, nämlich von den Märzrevolutionären in der Revolution 1848/49. Richard Wagner schloss sich damals den Republikanern an und schrieb politische Pamphlete und beteiligte sich an Demonstrationen.

Wagner agierte aber nicht entweder nur politisch oder nur künstlerisch, sondern verband beide Interessensgebiete miteinander. So schreibt er in seiner Hauptstreitschrift „die Kunst und die Revolution", dass eine neue Kunst entstehen müsse und dafür die alte Kunst durch eine Revolution zerstört werde. So sah Wagner in seinem politischen Aktivismus während der Märzrevolution auch die Voraussetzung für sein weiteres künstlerisches Schaffen. In diesem Zusammenhang ist weiterhin die Schrift „das Judentum in der Musik", die erstmals 1850 erschien, zu nennen. In diesem Aufsatz beschreibt Wagner, dass Juden unfähig sei sich künstlerisch in seinem Gesang, seiner Sprache oder durch sein Äußeres auszudrücken. Hier offenbart sich Richard Wagner unbestritten als Antisemit.

Es bleibt zum Ende also die Tatsache, dass Richard Wagner als Musiker international und national gefeiert und anerkannt wurde und auch immer noch wird, durch sein politisches Wirken und seine antisemitische Gesinnung gerade heutzutage aber stark polarisiert und kritisch betrachtet werden kann.

Friederike Grube
SEVERUS Verlag

„Auf, ihr Brüder, ehrt die Lieder!
Sie sind gleich den guten Thaten.
Wer kann besser als der Dichter
Dem verirrten Freunde raten?"

Goethe.

Vorwort des Autoren

Schon unsere Meister Haydn, Mozart, Beethoven hatten ihre Kunst über ihre Vorgänger dadurch erweitert, dass sie sich stets mehr den Bewegungen des Lebens anschlossen. Und wiederum mit ihrem Schaffen selbst gaben sie diesem Leben ihrer Nation und der Menschheit vertiefteren Gehalt, der sogar zuletzt wieder an das Höchste anknüpfte, was wir besitzen, die Religion. Dieser Spur folgte nun kein Künstler mit mehr durchdringender Kraft als Richard Wagner, und er konnte dies, weil bei gleicher geistigen Begabung einerseits die Grundlage seiner Bildung breiter und tiefer war als bei unseren elastischen Meistern, andererseits die Bewegung unseres Lebens gerade während seiner langen Schaffenszeit immer kräftiger und mannigfaltiger wurde, weil die Ideen unserer Dichter und Denker mehr und mehr zur Tat und Wahrheit in unserem Dasein gediehen. Wagners Entwicklung ist eine ebenso sicher ruhig fortschreitende wie diejenige jener drei Klassiker, und alle Kämpfe, so heftig sie manchmal auch waren, klärten ihm selbst nur den Weg zu jenem hohen Ziele, an dem wir selbst heute mit ihm stehen und eine freie Entfaltung aller unserer Kräfte vor uns sehen. Dieses Ziel heißt die Umfassung alles Kunstvermögens zu dem großen Gesamtkunstwerke des musikalischen Dramas, in dem sich die Allbewegung unseres menschlichen Daseins bis zu ihrer höchsten Entfaltung im Ideale darstellt. Und da dieses musikalische Drama geschichtlich auf der Oper beruht, so sind die Meister, die sich naturgemäß mit R. Wagner zu einem zweiten Dreigestirn unserer Kunst einen, der Begründer der deutschen Oper, C. M. *von Weber*, und der Reformator der alten Oper, Christof Wilibald *Gluck*. Daher wird uns die Darstellung der Entwicklung unseres jüngsten Meisters ebensowohl aus jene älteren hinweisen wie die Erkenntnis von dem, was er selbst uns ist, von selbst ergeben.

1. Die erste Jugendzeit

(1813–1831)[1]

„Ich beschloss Musiker zu werden."

Wagner.

Richard Wilhelm Wagner ist am 22. Mai 1813 in Leipzig geboren.
Sein Vater leitete damals die Polizeiverwaltung, die durch die end-
losen Truppenbewegungen der französischen Kriege von besonderer
Bedeutung war. Derselbe erlag denn auch bald darauf der Epidemie,
welche unter den durchziehenden Armeen ausgebrochen war. Die
Mutter, eine Frau von feinerem geistigen Wesen, heiratete darauf den
hochbegabten Schauspieler Ludwig *Geyer,* welcher ein vertrauter
Freund des Hauses gewesen war, und zog mit ihm nach Dresden, wo
er am Hoftheater angestellt und sehr angesehen war. Hier hat denn
Wagner seine Kindheit und erste Jugend verlebt. Neben der großen
patriotischen Erhebung waren künstlerische Eindrücke das erste, was
ihn tiefer anregte. Schon der Vater hatte an den theatralischen Lieb-
habereien des damaligen Leipzig regen Anteil genommen und jetzt
gehörte die Familie ja ganz der praktischen Kunst an. Ein Bruder
Albert und die Schwester Rosalie gingen später zum Theater über, und
zwei andere Schwestern pflegten eifrig des Klavierspieles. Richard
selbst befriedigte die kinderhafte Neigung zum Komödiespielen nur
auf dem Zimmer und sein Klavierspiel beschränkte sich auf das Nach-
klimpern von Melodien, die ihm ins Ohr gefallen waren. So hörte ihn
der Vater in der Krankheit, die auch ihn bald darauf befiel, das Lied-

---

[1] Es wird den Freunden dieser Musiker-Biographien zur Genugtuung gereichen, dass dieselben jetzt auch ins Englische, Französische, Italienische, Holländische, Dänische und
Russische übersetzt werden.

chen „Üb' immer Treu und Redlichkeit" und den damals ganz neuen „Jungfernkranz" aus dem Freischütz spielen und der Knabe wieder hörte ihn ganz leise die Mutter fragen: „Sollte er vielleicht Talent zur Musik haben?" Er hatte ihn früher zum Maler bestimmt, da er selbst ein ebenso guter Porträtmaler wie Schauspieler war. Jetzt starb er, ehe der Knabe sieben Jahre alt war, und hinterließ demselben nur die Mitteilung der Mutter, er habe etwas aus ihm machen wollen. Wagner erinnerte sich bei der ersten Skizzierung seines Lebens, die er im Jahre 1842 schrieb, dass er auf diesen Ausspruch des Vaters sich lange etwas eingebildet habe, und jedenfalls war es ihm ein Antrieb zum Höheren.

Seine Neigung ging aber zunächst nicht auf die Kunst, er wollte vielmehr studieren und kam so auf die berühmte Kreuzschule. Musik ward nur so nebenbei betrieben. Zwar ein Hauslehrer musste ihm auch Klavierstunden geben, allein wie beim Zeichnen widerte ihn hier das Erlernen des Technischen bald an und er zog vor, nach dem Gehöre zu spielen, wobei er sich die Ouvertüre zum Freischütz einstudierte. Der Lehrer hörte dies und meinte, es werde nichts aus ihm werden. Fingersatz und Läufe erlernte er dabei freilich nicht, aber eine aus der eigensten Empfindung stammende Betonung, wie sie kaum je ein Künstler besessen hat. Die Ouvertüre zur Zauberflöte lernte er schon damals lieben, der Don Juan dagegen blieb ihm noch unzugänglich.

Allein alles dies war nur große Nebensache. Griechisch, Lateinisch, Mythologie und alte Geschichte fesselten den regen Geist des Knaben und zwar so sehr, dass sein Lehrer ihm mit Ernst das Studium der Philologie zuwies. Wie er die Musik nachspielte, versuchte er jetzt die Dichtung nachzuahmen. Ein Gedicht auf einen gestorbenen Mitschüler erhielt sogar den Preis, jedoch musste viel Schwulst daraus entfernt werden. Der Überschwang der Phantasie und Empfindung kündigte sich auch hier in früher Jugend an. Nun wollte er, elf Jahre alt, Dichter werden! Ein sächsischer Poet Apel bildete die griechischen Trauerspiele nach, warum sollte nicht er dasselbe können? Die ersten zwölf Bücher der Odyssee hatte er schon übersetzt und Romeos Monolog sogar metrisch nachgebildet, nachdem er, bloß um Shakespeare genau kennen zu lernen, für sich auch Englisch erlernt hatte. So beherrschte er früh die Sprache, die „für uns dichtet und denkt", und Shakespeare blieb sein nächstes Vorbild. Ein großes Trauerspiel, ungefähr aus Hamlet und Lear zusammengesetzt, ward jetzt entworfen, und wenn darin allein zweiundvierzig Menschen starben und er sich wegen Mangels an Personen am Schlusse genötigt sah, deren Geister wiederkommen zu lassen, so erkennen wir auch hier nur das Übermaß der angeborenen Kraft.

Ein Gutes hatte dieser ungeheuerliche Dichtungsversuch: er führte ihn zur Musik, und an ihrem dämonischen Ernste lernte er selbst erst den Ernst der Kunst begreifen, die ihm im Gegensatz zu seiner Wissenschaft bis dahin noch so wenig als ernst galt, dass ihm unter andern: der Don Juan wegen seines italienischen Textes läppisch und das „geschminkte Komödiantentum" widerlich erschienen war. Er hatte in der gleichen Zeit den Freischütz kennen gelernt und wenn er Weber an ihrem Hause vorbeigehen sah, betrachtete er ihn stets mit heiliger Scheu. Die Weisen, die seinem Jugendempfinden schon durch die patriotische Erregung jener ersten Tage unseres wiedererstehenden Vaterlandes nahe standen, bezauberten ihn und erfüllten ihn mit schwärmerischem Ernste. „Nicht Kaiser und nicht König, aber so dastehen und dirigieren!" rief es in ihm, als er Weber mit seinem Freischütz die Gemüter an jene Melodien bannen sah. Jetzt kam er mit der Familie nach Leipzig zurück. Hatte er über seinem großen Trauerspiel, das ihn volle zwei Jahre beschäftigte, die Studien versäumt? Man versetzte ihn auf der Nicolaischule nach Tertia zurück und er verlor darüber alle Freude am Lernen. Dazu trat jetzt zum ersten Male auch der volle Geist der Musik in seinen Anschauungskreis: er hörte in den Gewandhauskonzerten Beethovens Symphonien. „Ihr Eindruck auf mich war allgewaltig", sagt er von dieser tiefen Seelenerfahrung seines 15. Lebensjahres, die umso eindringlicher war, als er vernahm, dass der große Meister das Jahr zuvor in der traurigsten Weltabgeschiedenheit gestorben sei. „Ich weiß nicht, wozu man mich eigentlich bestimmt hatte", lässt er noch nach Jahren in seiner Novelle „Eine Pilgerfahrt zu Beethoven" einen jungen Musiker sagen, „nur entsinne ich mich, dass ich eines Abends eine Beethovensche Symphonie hörte, dass ich darauf Fieber bekam, krank wurde, und als ich wieder genesen, Musiker geworden war."

In der Schule war er faul und lüderlich geworden, nur sein Trauerspiel lag ihm noch am Herzen, aber dieser Beethoven bestimmte ihn jetzt auch leidenschaftlich zur Musik. Ja das Anhören der Egmont-Musik begeisterte ihn so, dass er um alles in der Welt sein Trauerspiel nicht anders als mit einer solchen Musik „vom Stapel laufen lassen" wollte. Sie zu schreiben traute er sich ohne Bedenken zu, hielt es aber doch für gut, sich zuvor über einige Regeln dieser Kunst aufzuklären. Um dies im Fluge zu tun, lieh er sich auf acht Tage eine leichtfassliche Generalbasslehre. Das Studium trug wohl nicht so schnelle Früchte wie er gehofft, aber die Schwierigkeiten reizten seinen lebhaften und energischen Geist. „Ich beschloss Musiker zu werden", erzählt er.

So hatten sich seines Innern in früher Jugend zwei mächtige Gewalten unseres modernen Daseins bemächtigt, die allgemeine Geistesbildung und die Musik. Es siegte zunächst die letztere, aber in der Form, die jene ebenfalls einschließt, in der Darstellung einer poetischen Idee, wie sie zuerst völlig Beethovens Symphonie zum Ausdruck gebracht hatte. Hören wir also, wie diese etwas eigenmächtig wollende Art den stürmischen jungen Geist auf die eigentliche Bahn seiner Entwicklung gebracht hat.

Derweilen war sein „großes Trauerspiel" von der Familie entdeckt worden. Sie geriet in große Betrübnis, weil damit die Vernachlässigung der Schulstudien ans Licht kam. Dass er sich bereits zur Musik innerlich berufen fühlte, verschwieg er unter solchen Umständen freilich, blieb aber heimlich den Kompositionsversuchen treu. Bezeichnenderweise ließ ihn dabei niemals der dichterische Nachahmungstrieb los, ordnete sich jedoch dem musikalischen unter, ja ward nur zur Befriedigung des letzteren herbeigezogen, so sehr beherrschte ihn noch das Besondere der Musikkomposition. Beethovens Pastoralsymphonie zum Beispiel bestimmte ihn einmal zu einem Schäferspiele, das in seiner dramatischen Anlage wieder durch Goethes Singspiel „Die Laune des Verliebten" angeregt war, und er schrieb dabei Musik und Verse zugleich, so dass die Handlung und die Situationen ganz aus dem Musik- und Versemachen hervorgingen. Ebenso aber reizten ihn die vorhandenen Formen der Musik zur Nachahmung, es entstanden damals auch eine Sonate, ein Streichquartett und eine Arie.

Diese Werke mögen wohl der Formbildung nach ohne Tadel, werden aber ebenso ohne eigenartigen Gehalt gewesen sein. Sein Geist war noch in anderen Dingen umfangen als in dem wirklichen Poesiewesen der Musik. Gleichwohl glaubte er sich unter dem Schutze solcher Leistungen auch bei der Familie als Musiker melden zu können. Doch nahm diese solche Kompositionsversuche umso mehr nur als eine flüchtige Leidenschaft wie andere, als er ja nicht einmal ein Instrument in genügender Weise spielte, um sich auch als praktischen Musiker sicher und fest zu betätigen. Dazu trat jetzt eine seltsame Gährung und Verwirrung in den jungen Sinn, der schon so mancherlei Bedeutendes und fast alles zu gleicher Zeit in sich aufgenommen hatte. Die damals herrschenden Romantiker, besonders der mystische Th. A. Hofsmann, der selbst Dichter und Musiker zugleich war und neben den schönsten poetischen Auslegungen der Werke Glucks, Mozarts, Beethovens die ausschweifendsten Phantasien über Musik geschrieben hat, wirrten ihm die poetischen Ideen und die musikalischen Ausdrucksmittel in der tollsten Weise durcheinander. Es war für den kaum sechzehnjährigen Jüngling Gefahr um den gesunden Verstand zu kommen. „Am Tage, im Halbschlafe, hatte ich Visionen, in denen mir Grundton, Terz und Quinte leibhaftig erschienen und mir ihre wichtige Bedeutung offenbarten; was ich darüber aufschrieb, starrte von Unsinn", sagt er selbst.

Da war es denn hohe Zeit, dass Setzung der gährenden Elemente und Klärung eintrat. In der Tat wurde ihm jetzt diese musikalische Sprache, deren Halbverständnis ihn zu solchen Gesichten und Phantasien brachte, auf ihren wahren Bestand, auf ihre gegebenen Gesetze und Regeln zurückgeführt. Ein tüchtiger Musiker, der spätere Altenburger Organist Müller, ließ ihm die seltsamen Gestalten und Gewalten seiner überreizten Einbildung zu einfachen musikalischen Intervallen und Akkorden verschweben und brachte so eine feste Grundlage der Erkenntnis auch in diese musikalischen Begeisterungen und Phantasien. Doch war der Unterricht noch im Praktischen erfolglos. Der junge Brausekopf und Schwärmer blieb in diesem Studium unordentlich und nachlässig. Seine geistige Anschauung und Erregung ging schon zu weit, um sich leicht auf das ruhige Erlernen einer trockenen Technik zurückbannen zu lassen, und war doch noch nicht eigenartig mächtig genug, um zu solcher notwendigen Aneignung der Mittel auch in der Kunst sich selbst zusammenzufassen.

15

Eine der großen Ouvertüren für Orchester, die er, statt erst die Musik als selbstständige Sprache zu erlernen, damals zu schreiben vorzog, nennt er selbst den „Kulminationspunkt seiner Unsinnigkeiten". Und doch war etwas in dieser Komposition in Bdur, was bei ihrer Aufführung im Leipziger Gewandhause einem ausgebildeten Musiker wie dem späteren Berliner Oberhofkapellmeister Heinrich *Dorn*, seinem damaligen Freunde, Achtung abnötigte: es war dies dasjenige, was Wagner von sich und seiner geistigen Bildung her auch in der Musik suchte und gab, die poetische Idee, die einer Komposition den sicheren Wurf eines innerlich und organisch Gestalteten gibt. So konnte er den jungen Autor, dessen Werk allerdings von Seiten des Publikums statt günstiger Aufnahme Unwillen und Heiterkeit gefunden hatte, aufrichtig mit der Zukunft trösten.

Zunächst versetzte auch ihn die hereinbrechende französische Julirevolution von 1830 in die größte Erregung und er wollte sogar eine politische Ouvertüre schreiben. Ebenso lenkten die phantastischen Ausschweifungen der Universität, die er derweilen beschritten hatte, um sich durch das Studium allgemein geistiger Fächer allseitig für den Beruf als Musiker auszubilden, seinen Sinn noch eine Weile von dem Ernste desselben ab. Dann aber ließ ihn zu seinem und der Kunst Heile die Vorsehung einen Mann finden, der seinem nach solchem Sturme umso heftiger erwachenden Drange nach Ordnung und Regel in seinem Musikstudium ebenso ernst wie freundlich entgegenkam: Theodor *Weinlig*, seit 1823 Kantor der Leipziger Thomasschule, also im Geist und Können des großen Sebastian Bach aufgewachsen. Dieser besaß die Eigenschaft des guten Lehrers, gleichsam spielend in die Geheimnisse seiner Sache einzuführen. In weniger als einem Jahre wusste der junge Studiosus die schwierigsten Aufgaben des Kontrapunktes mit Sicherheit und Leichtigkeit zu lösen und ward als zur wirklichen Selbstständigkeit in seiner Kunst erzogen von seinem Lehrer entlassen. „Frau Charlotte Weinlig, der Witwe seines unvergesslichen Lehrers", lautet denn auch die Widmung seines „Liebesmales der Apostel", der einzigen oratorienmäßigen Arbeit, die Wagner geschaffen hat. Aus jener Zeit rühren auch eine Sonate und eine Polonaise her, die fern jedem Schwulst einfach natürlichen musikalischen Satz haben. Mehr aber gilt es uns, dass Wagner damals auch Mozart innig erkennen und lieben lernte, es war dies die Bahn, auf welcher er später über Beethoven hinaus den mächtigen Leipziger Kantor finden sollte, der durch seine Kunst die Tiefen unseres wahren Lebens ebenso für immer erschlossen wie geheiligt hat.

Zunächst war es jetzt Beethoven, dessen Kunst sich ihm auf der sicheren Grundlage eigenen Könnens auch sicher erschloss und der ihn dann völlig zum Komponisten machte. „Ich zweifle, dass es zu irgend welcher Zeit einen jungen Tonsetzer gegeben hat, der mit Beethovens Werken vertrauter gewesen wäre, als der damals achtzehnjährige Wagner", sagt H. Dorn von jener Zeit. Und er selbst erzählt in seinem „Deutschen Musiker in Paris": „Ich kannte keine Lust mehr, als mich so ganz in die Tiefe dieses Genius zu versenken, bis ich mir einbildete, ein Teil desselben geworden zu sein." Er schrieb sich des Meisters Ouvertüren ab und ebenso die Neunte Symphonie, die ihn ebenso in tobendes Schluchzen wie in höchste Schwärmerei versetzte. Ebenso erkannte er jetzt völlig Mozart, zumal die Jupitersymphonie. „Er hat den vaterländischen Geist mit seiner Reinheit des Gefühls und Keuschheit der Eingebung als das heilige Erbteil betrachtet, mit dem der Deutsche, wo er auch sei und in welcher Sprache er auch rede, gewiss ist, die angestammte Größe und Hoheit zu bewahren", urteilt er wenig Jahre später in Paris über Mozart. „Klarheit und Kraft war mein Bestreben", sagt er von dieser Jugendepoche, und eine Ouvertüre und eine Symphonie bekundeten bald, dass er die Vorbilder wirklich erfasst hatte. Zwanzig Jahre eigener Fruchtbarkeit in dieser hohen Schule der Kunst und er sollte auch deren eigenes letztes Vorbild, den großen Sebastian Bach, innig erkennen lernen und auf diesem tiefsten Grunde der Musik das erhabene Gebäude einer deutschen Kunst errichten, die unseren Geist in all seinen Fähigkeiten und Idealen umfasst und uns endlich auch ein vollständiges Nationaldrama begründet hat.

Die Schulung war vorüber: jetzt geschah, mit nichts bewaffnet als mit seinem Wollen und Können, kühnen und sicheren Schwunges der Sprung ins Leben. Wollen und Können sollten sich an seinen Kämpfen und Leiden ebenso erproben wie stählen. Mit den ersten dauernden Eroberungen derselben finden wir ihn wieder.

2. Sturm und Drang.

(1832–1841)

„Der Gott, der mir im Busen wohnt.
Er kann nach außen nichts bewegen!"

Goethe.

Man weiß aus Beethovens Leben, was damals Wien für die Musik bedeutete. Im Sommer 1832 machte sich Wagner zum Besuche dorthin auf, fand sich aber stark enttäuscht: „Zampa" und Strauss'sche Potpourris daraus umtönten ihn aller Orten. Er sollte die Kaiserstadt erst spät und als ruhmgekrönter Meister wiedersehen. Die Vorortschaft in Musik und Oper war an Paris übergegangen. In Prag dagegen führte das Konservatorium seine Symphonie auf. Doch konnte er auch hier erfahren, wie wenig das Reich seines Beethoven bereits begonnen hatte.

In Leipzig brachte man dann im Winter ebenfalls die Symphonie. „Es ist eine kecke dreiste Energie der Gedanken, ein stürmischer kühner Schritt und doch eine so jungfräuliche Naivetät in der Empfängnis der Grundmotive, dass ich große Hoffnungen auf den Verfasser setze", schrieb H. *Laube*, den Wagner kurz zuvor kennen gelernt, und wir ersehen auch hier die Sturmbewegung der Zeit, die von da an für uns nicht mehr ins Stehen kam und uns heute die Einheit der Nation und der Kunst geschaffen hat. Burschenschafter, St. Simonist, Weltverbesserer, dies war nach des jungen Künstlers Sinn. Das „Junge Europa", in dem Laube die freien Gedanken des neuen Jahrhunderts, Liebesrausch und jede Art Lebensgenuss predigte, spukte ihm in allen Gliedern, und *Heines* Schriften wie vor allem der wollüstig weiche Ardinghello von *Heinse* erhöhten dieses erregte Sinnendasein.

18

Einstweilen war jedoch die bessere Natur noch siegreich in ihm, Beethoven und Weber blieben seine guten Genien. Er komponierte 1833 nach ihrem Vorbilde eine Oper „*Die Feen*", und der Text zeigt die durch Ernst geweihte Grundrichtung seines Wesens. Eine Fee liebt einen Sterblichen, kann aber selbst die Menschlichkeit nur unter der Bedingung gewinnen, dass der Geliebte sie, möge sie sich auch noch so böse und grausam zeigen, nicht ungläubig verstoße. Sie verwandelt sich nun in einen Stein und wird durch des Geliebten sehnenden Gesang entzaubert. Dieser selbst aber wird, gleich jenem unbedingten Glauben an den geliebten Gegenstand ein bedeutsamer Zug der idealen Auffassung Wagners vom Wesen der Liebe, dann ebenfalls in die unsterbliche Wonne der Feenwelt ausgenommen. Zur Aufführung ist das Werk nie gekommen. Bellini, Adam und Genossen beherrschten die Bühne auch in Deutschland. Nun kam zu dieser Enttäuschung der ungemeine Erfolg, den die für Wagner so hochbedeutsam gewordene große *Schröder-Devrient* sogar und gerade in diesen leichten Opern, vor allein als Romeo hatte. Dann das prickelnde Element dieser Franzosen und Italiener, gegen welche die damals beginnende deutsche Kapellmeistermusik quälend langweilig erschien, er selbst, der Einundzwanzigjährige zu jeder Art Tat und Genuss bereit, – warum sollte nicht er, der sich so sehr nach Erfolg sehnte, ebenfalls diese Bahn beschreiten? Beethoven erschien ihm als der Schlussstein einer großen Epoche, jetzt musste etwas Neues, Anderes kommen. Die Frucht dieses Siedens und Überkochens war „*Das Liebesverbot oder die Novize von Palermo*", die erste Oper von ihm, die zur Aufführung gelangte.

Der Stoff war aus Shakespeares „Maß für Maß", dessen Ernst jedoch so recht im Sinne des „Jungen Europa" umgemodelt wurde, sodass die freie Sinnlichkeit den Sieg behielt. Isabella, eine Novize, fleht bei dem puritanischen Statthalter für das Leben ihres Bruders, der ein Liebesverbrechen begangen. Dieser macht die Begnadigung von ihrer Liebesgewähr abhängig. Ein junger Mann, der sie liebt, erregt wie Masaniello in der „Stummen" im Karneval eine Revolution und weiß den Statthalter zu entlarven, worauf er Isabellas Hand erhält. Den Geist dieser wilden Karnevalsfreude bezeichnet der Vers des einzigen Chorliedes, das von dieser Oper gedruckt ist:

„Wer sich nicht freut bei unsrer Lust,
Dem stoßt das Messer in die Brust!"

So waren hier zwei grundverschiedene Möglichkeiten der Entwicklung gegeben, dem „heiligen Ernste seines ursprünglichen Empfindungswesens", wie er es an der deutschen Instrumentalmusik genährt hatte, die Neigung zu keckem sinnlichen Ungestüm entgegengetreten: wie oft und wie kräftig hat nicht Wagner in seinen Werken diese beiden Seiten unserer menschlichen Natur gezeichnet, doch stets mit dem tief begründeten Siege des Ernstes in der Lebensauffassung! Mancherlei Leiden und Kämpfe sollten diese bei ihm selbst auch bald wieder ans Licht hervordrängen und dann für immer daran erhalten.

Im Herbst dieses Jahres 1834, in dem jener Text entworfen wurde, trat Wagner in die praktische Musiktätigkeit ein, er ward Kapellmeister des Magdeburger Theaters. Diese Stellung behagte ihm und er bekundete bald den gewandten Dirigenten, namentlich für die Bühne selbst. Hierdurch und durch leichte Gelegenheitsmusik gewann er nun bald den gewünschten Erfolg und führte umso mehr in diesem Sinne die Musik zum „Liebesverbote" aus. „Das Einstudieren jener leichtgelenkigen Modeopern machte mir oft kindische Freude, wenn ich vom Dirigentenpulte rechts und links das Zeug los lassen durfte", erzählt er. Er gab sich daher nicht die geringste Mühe französische Anklänge zu vermeiden, hoffte vielmehr bestimmt, dass eine Schröder-Devrient seiner Isabella auch in solcher halb frivolen Musik noch Wahrheit und Ernst geben werde. In solchen Kunst- und Lebenshoffnungen zugleich tat er damals in Magdeburg auch unbedenklich den bedenklichen Schritt, so jung er war sich zu verloben: es war *Mina Planer*, die schöne erste Liebhaberin des Theaters, die aber leider für sein höheres und eigentliches Bestreben niemals Verständnis gewinnen sollte.

Im Frühjahr 1836 kam vor Auflösung der Magdeburger Truppe eine übereilte Aufführung seiner Oper zu Stande, die einzige, die sie erleben sollte. „Es ist viel darin", heißt es darüber, „und was mir gefällt, es klingt alles, es ist Musik und Melodie, was wir bei unserer deutschen Oper jetzt so ziemlich suchen müssen." Die „Feen" hatte er selbst seitdem ganz vernachlässigt. Die Partitur beider Werke besitzt

König Ludwig von Bayern. Sie sollten bald von einem überholt werden, das noch heute lebt, „Rienzi".

Das „Liebesverbot" hatte er vergeblich zuerst in Leipzig, dann in Berlin angeboten. In letzterer Residenz war ihm in der Aufführung einer Spontinischen Oper erst die ganze hilflose Art der heimischen Bühne auch in Bezug auf die Inszenierung aufgegangen. Wie musste da Paris vor ihm aufwachsen, wo Spontini diesen größeren Ton oder doch kräftigeren Zug gelernt hatte! Jedoch die äußere Bedrängnis, in die ihn die Auflösung des Magdeburger Theaters und der Mangel an Erfolg seiner Kompositionen versetzt hatte, warf ihn zunächst noch tiefer in das Misere der damaligen Bühnenverhältnisse Deutschlands. Erst war er einige Zeit in Königsberg. Doch genügte die Stellung nicht, um den jetzt Verheirateten vor Not zu schützen. Die eine Hoffnung stand immer vor ihm, sich durch eine besondere Kunsttat dieser Enge und Bedrängnis zu entreißen und jeder fesselnde Roman sollte ihm den Text zu einer großen Oper gewähren. So Königs „Hohe Braut", aus der er rasch ein Szenarium entwarf und an den damals alleinseligmachenden *Scribe* in Paris schickte, dessen „Hugenotten" kurz zuvor Meyerbeer zu einem Stern des Tages machen geholfen hatten. Natürlich ohne Erfolg. Was galt damals auf diesem Gebiete Deutschland! Die Königsberger Bühne löste sich gleichfalls bald auf. „Manche Menschen sind sogleich klar in ihrem Charakter und ihren Werken, andere müssen sich erst durch ein Chaos von Leidenschaften hindurch arbeiten. Freilich gelangen die letzteren zu höheren Resultaten", sagt ein Bericht über jenen kurzen Aufenthalt. Ein solches Resultat stand jetzt vor der Türe und einen treuen Lebensfreund hatte er sich ebenfalls in der alten preußischen Residenz erworben, jedenfalls aber an dem aktuellen Gesammttone preußischen Daseins jene straffere Haltung gekräftigt, die er zuerst aus *Spontinis* herrischer Pracht kennen gelernt hatte und die später so weltgeschichtlich bedeutend werden sollte wie seine eigene Kunst. Der erste Schritt in dieser bezeugt, dass er solchen Hast der Zukunft verstanden hatte.

Während eines Besuches im Jahre 1837 in Dresden war ihm nämlich *Bulwers* „Rienzi, der letzte der Tribunen", in die Hände gefallen und hatte ihn umso tiefer gefesselt, als er den Helden schon längst für sich ins Auge gefasst hatte. Jetzt führte ihn die Lebensnot über die Grenze nach Riga, sein Leipziger Bekannter Dorn war dort und K. Holtei hatte soeben eine neue Bühne begründet. Er ward Musikdirektor und seine Frau erste Liebhaberin. Vortreffliche Mittel waren vorhanden und Wagner ging mit Lust ans Werk. Er kam jedoch auch hier wieder in das Einstudieren der Werke eines Adam, Auber, Bellini und gewann jetzt, mit seinem verzehrendem Sehnen nach Größerem und Edlerem im Herzen, einen tieferen Einblick in das Elend der modernen Bühne und der Komödiantenwirtschaft, der ihn mit wahrem Ekel erfüllte. Schon damals lernte er die Sage vom „Fliegenden Holländer" kennen, wie sie *Heine* in seinem „Salon" von 1834 mit der neuen Wendung erzählt, dass treue Liebe den unseligen Ahasverus des Meeres zu erlösen im Stande ist. Das „fabelhafte Heimweh", von dem Heine dabei spricht, musste es nicht einen Widerhall in der eigenen Seele finden und sie noch stärker entflammen? Zudem studierte er damals *Méhuls* „Joseph in Ägypten" ein und fühlte sich unter dem Eindruck der ernsten und edlen Musik dieses Nachbildners des großen Gluck „ganz gehoben und veredelt". Selbst *Bellinis* „Norma" musste ihm unter solchen Eindrücken edleren Ton und kräftigere Haltung gewinnen, als sonst dessen Kunst zueigen ist. Sie war damals seine Benefizoper. Er ergriff also jetzt mit fester Hand den Rienzistoff und entwarf daraus einen Plan des Werkes, den nur die größte Bühne zur Wirklichkeit machen konnte. Das lyrische Element des Romanes, die Friedensboten, die Schlachthymnen, die Liebesleidenschaft, hatten ihn schon rein musikalisch angeregt. Ein tüchtiges Theaterstück aber, bei dem nicht „schöne Verse und zierliche Reime" sondern die Kraft der Handlung und die ergreifenden Situationen die Hauptsache waren, sollte mit allen herrschenden Wirkungsmitteln der Szene und des Ballets ihm auch den Erfolg der Pariser „Großen Oper" sichern. Im Herbst 1838 konnte er in seiner „anspruchslosen Stille" bereits die Komposition des Werkes beginnen.

Kaum waren die beiden ersten Akte vollendet, so stand auch **PARIS** selbst hell vor des Dichter-Komponisten Auge. Zudem ging der Kontrakt mit Holtei zu Ende. Aber zu solchem großen Schritte war guter Rat teuer. Er hatte viel Schulden machen müssen und ohne den Nachweis der Berichtigung derselben durfte damals niemand Russland verlassen. So nahm denn jener Königsberger Freund, ein reicher alter

Holzhändler, bei dem er manchen geselligen Abend verbracht hatte, seine Frau als die eigene in seinem Wagen mit über die Grenze und Wagner selbst entrann auf andere Art. In Pillau bestiegen sie dann ein Segelschiff, um zunächst nach London zu kommen. Von jetzt an beginnt die große Aktion im Leben Wagners, sie sollte erst in Bayreuth schließen, wo der Künstler, der einst mit Not und Gram gerungen hatte, Kaiser und Könige als Gäste seiner Kunst sah.

Schon die lange Seereise selbst erhielt Bedeutung für sein künstlerisches Schaffen. Sie dauerte drei und eine halbe Woche und war reich an Unfällen. Die stürmische See wirkte dabei hauptsächlich in den norwegischen Schären, und der fliegende Holländer, wie ihn die Matrosen ihm bestätigten, gewann ihm sichtbares Leben und bestimmtes Angesicht. In London hielt er sich nur kurz auf, er besah bloß die Stadt und ihre beiden Parlamentshäuser, in Boulogne sur Mer dagegen weilte er vier Wochen. Denn *Meyerbeer* war dort im Seebade und seine Empfehlung für Paris musste ihm von großer Wichtigkeit sein. Der Komponist der „Hugenotten" erkannte sofort das Talent des jüngeren Künstlers und lobte besonders den Text des „Rienzi", den Scribe für ihn selbst bald zu der schwachen Leistung des „Propheten" nachbilden sollte. Im Übrigen machte er ihn auf die Schwierigkeiten aufmerksam in dieser Weltstadt durchzudringen, wenn man nicht Mittel noch Verbindungen besitze. Wagner jedoch vertraute auf seinen Stern und reiste dorthin, wo er allein die erfolgreiche Weltbahn für einen dramatischen Komponisten bestellt wähnte. Das Ende des Pariser Aufenthaltes war eine Fülle von Enttäuschungen, aber auch eine große Bereicherung seiner Erfahrungen und Stählung der eigenen Kraft, ja die Begründung seines ersten großen Schaffens.

Meyerbeer empfahl ihn dem Direktor des Renaissance-Theaters und machte ihn auch mit dortigen Kunstgrößen bekannt. An eine Einführung bei der Grand'Opéra jedoch war bei einem so völlig Unbekannten nicht zu denken. Auch H. *Laube* weilte damals in Paris. Durch ihn lernte er *Heine* kennen, der sich bass verwunderte, einen jungen Musiker mit einer Frau und einem großen Neufundländer mittellos nach diesem Paris kommen zu sehen, wo alles, auch das Verdienstvollste sich seinen Platz erst erobern muss. Wagner hat diese Erfahrungen selbst in einem Aufsatz „Pariser Fatalitäten für Deutsche" in Lewalds Europa niedergelegt. Er trachtete nun vor allem zu einem nächsten Erfolge zu gelangen und bot jenem Theaterdirektor das „Liebesverbot" an, das ja dem französischen Geschmack am meisten zusagen musste. Doch machte dieses Theater wieder einmal Bankerott und alle Bemühungen waren vergeblich gewesen. Nun hoffte er durch Gesangmusik durchzudringen und schrieb mehrere Lieder wie Heines „Grenadiere", – eine beliebte Dilettantin, Loisa Puget, ließ ihn wie H. Berlioz in der Pariser Salonwelt durch ihre Romanzen nicht aufkommen. Eine furchtbare Bitterkeit erfüllte den stets Mittelloseren gegen die glänzende Pariser Salon- und Theaterwelt, die innerlich so hohl erschien.

Da hörte er eines Tages die so ausgezeichnet sorgfältigen Aufführungen des Conservatoires und gar die Neunte Symphonie, die einst sein Innerstes beflügelt hatte, und wieder stand da heilend und rettend sein Genius vor ihm. Eine tiefe Ahnung, dass dieses Werk, sowie wir es heute historisch sicher wissen, ebenfalls aus der Faust-Stimmung geboren sei, brachte auch in ihm den „nie zufriednen Geist, der stets auf neues sinnt", wieder zu Recht und Dasein, und eine *Faust-Ouverture*, eigentlich der erste Satz einer Faustsymphonie sagt uns in Tönen des kräftigsten Entschlusses, dass sein Wollen und Können noch lebte und nicht weichen werde, ehe es sich mächtig betätigt. Dies war zu Ende des Jahres 1840.

> *„Der Gott, der mir im Busen wohnt,*
> *Kann tief mein Innerstes erregen;*
> *Der über allen meinen Kräften thront,*
> *Er kann nach außen nichts bewegen.*
> *Und so ist mir das Dasein eine Last,*
> *Der Tod erwünscht, das Leben mir verhasst!"*

Mit diesem Bekenntnisse hatte er seine Kraft zum Kampfe gegen jenes Pariser Wesen wiedergefunden, das in hergebrachter und gegenseitig sich anlügender Modeweise erstarrt und selbst in dem heiligen Gebiete der Kunst zur Spekulation auf den äußerlichsten Erfolg gewendet erschien. Seine Kritik der Pariser Lebens- und Kunstzustände von damals ist vernichtend, sogar der edle *Berlioz* entgeht künstlerisch seiner Geißel nicht und den ebenfalls dort mitlebenden

Liszt weiß er noch nicht zu erkennen. Aber hell aufleuchtend stand der rettende Genius seiner Kunst, die *deutsche Musik*, wieder vor ihm da, und sie hat ihn sich selbst und seiner Kunst erhalten.

Sein „Liebesverbot" gab er jetzt ganz auf, er fühlte, dass er ohne dieses Tun sich als Künstler nicht mehr achten könne. Er gedachte der Heimat. Ein heroisch gestimmter Patriotismus ergriff ihn, freilich nicht entfernt von politischer Natur, denn er vergaß nicht des seligen Bundestages und seines Verfolgens jeder Freiheitsbestrebung, aber als eine sichre Ahnung der großen Zukunft seines Vaterlandes. Jetzt verstand er selbst erst völlig die Worte Rienzis von seiner hohen Braut, die er geschändet und entehrt sah, und der innere Zorn schenkte ihm völlig die mächtig aufrufenden Laute, die seine Begeisterung schon in der ersten Anrede Rienzis an Adel und Volk angestimmt hatte und die seit Schillers Sprache in Deutschland nicht mehr gehört worden war. Und wenn Rienzi nicht ruhen will, als bis er seine stolze Roma als Königin der Welt gekrönt sieht, so durchzuckte ihn selbst damals zuerst die volle Gewissheit, dass, wie er so schön von Beethovens Musik sagt, der deutsche Geist bestimmt sei, den Menschengeist von tiefer Schmach zu erlösen. Er fühlte das tief Frivole einer rein äußerlichen Kultur, die dieser semitisch-gallische Geist der Neuzeit angesetzt hatte und mit der er ganz Europa wie in einem eisernen Netze gefangen hielt. Die große Revolution hatte politisch und sozial manches Freiere geschaffen, gleich der Reformation den Geist zu befreien hatte sie nicht vermocht. Es herrschte ein Zustand, eine Stimmung, die er selbst mit Recht später mit denen der römischen Kaiserzeit verglichen hat. Und wenn die Literatur in H. *Heine* und Genossen gipfelte, so war doch eindringlicher in ihrem Eindruck die große Oper *Meyerbeers*. Eine freche Modezivilisation war an die Stelle wahrer Geisteskultur getreten, es galt diese Kultur und ihre Kunst wiederzugewinnen: er fühlte immer deutlicher eine Mission in sich, die weit über die Grenzen bloßen künstlerischen Gestaltens hinausging. Es sollte dann gerade die kalte Fremde mit ihrem feindseligen Egoismus sein, in der er auch die Wege und Mittel ihrer Erfüllung fand und uns statt Schemen wieder Menschen schuf.

Hören wir darüber das Nähere.

Schon in den „Pariser Fatalitäten" hatte es von den Deutschen geheißen, sie lernten in Paris ihre Muttersprache von neuem schätzen und ihren patriotischen Sinn stärken. Ein Bild also dieses Patriotismus war der „Rienzi". Ihn bestimmte er jetzt für Dresden und gewann damit wieder Kraft zur Arbeit. Ebenso aber hieß es dort von den Deutschen: „So sehr sie gewöhnlich die Rückkehr nach der Heimat scheuen, so vergehen sie doch vor Heimweh." Heimweh, Sehnsucht! – Hatte er nicht schon einmal eine solche im ewigen Heimweh sich verzehrende Gestalt gesehen, die dennoch ewig nicht vergehen konnte? Der „Holländer" stand wieder vor seiner Seele und gewann jetzt zu der äußeren Lebensgestalt des ewig irrenden Seefahrers die innere des nach Liebe und Treue ewig sich sehnenden Menschenherzens. Er hatte nach Verständigung mit Heine jetzt rasch den Stoff zu diesem Ewigen Juden des Meeres entworfen, und ein glücklicher Zufall, das Wiedererscheinen Meyerbeers in Paris, schien dem Werke sogar an der großen Oper eine Stätte bereiten zu sollen.

Um min ruhig arbeiten zu können, verschaffte er sich das tägliche Brot mit – Arrangements beliebter Opern für CORNET À PISTONS. Er ertrug solche tiefste Demütigung, er wusste ja jetzt, um welchen Preis er „diente". Eine Genugtuung aber ward ihm bald bei solcher Lohnarbeit für den gleichen Musik-Verleger Schlesinger: er schrieb in dessen „GAZETTE MUSIKALE" lebensprühende Aufsätze. Hier konnte er denn zunächst wenigstens mit dem Worte tun, was seinem Schaffen noch verwehrt war, konnte die Herrlichkeit deutscher Musik zeigen, und nie zuvor ist geist- und seelenvoller über Mozart, Weber, Beethoven geschrieben worden. Von Letzterem wollte er gar eine umfassende Biographie verfassen und wandte sich deshalb an einen deutschen Verleger.[2] Er reckte hier der romanischen formalen Kultur die deutsche Geistes-Natur wie ein Medusenhaupt entgegen, und das Bewusstsein von ihrer Aufgabe hielt ihn selbst in der größten materiellen Bedrängnis oben. Mit Paris als Kunststadt hatte er jetzt abgeschlossen, der „Rienzi" war, sowie Mozarts „Idomeneo" bei der OPERA SERIA, sein letzter Tribut an die große Oper. Beide haben das Genre an sich durch Ausweisung seiner letzten Fähigkeiten für immer tot gemacht.

---

2   Das betreffende Schreiben ist in dem Buche „Mosaik. Für musikalische Gebildete" (Leipzig 1881) mitgeteilt.

Derweilen aber war „Rienzi" in Dresden angenommen worden, und er hoffte jetzt durch Meyerbeers Rückkunft auch für die „GRAND' OPÉRA". Allein dem Herrn Direkteur hatte der „Holländer" so gut gefallen, dass er ihn für sich, d.h. für einen anderen Kompositeur wünschte. Um nun nicht alles zu verlieren, verkaufte ihn Wagner um 500 Frcs. für Paris, wo er auch bald als „VAISSEAU PHANTOMS" gegeben worden ist, hatte aber natürlich jetzt für sich nichts Eiligeres zu tun, als ihn völlig auszuarbeiten. Die sehnsuchtsvolle Seelenstimmung war ihm durch die Aufführung des „Freischütz" noch erhöht worden, die übrigen Erfahrungen hatten ihm die moderne Babel geradezu zum Ekel gemacht. Die Dichtung stand bald fertig da. Es war eine solche, denn er hatte eben „eine schöne Sage sich einfach selbst erzählen lassen" und allen Tand der Oper, Finales, Duetten, Ballets ganz außer Acht gelassen. Er wollte seinen Deutschen den Himmelszug ihrer eigenen Seele wieder aufdecken. Als es jedoch ans Komponieren ging, fürchtete er seine Musik vergessen zu haben, solange hatte er sie ganz liegen lassen müssen. Allein es ging alles wie im Fluge. Zuerst stand als Kern des Ganzen Sentas Ballade vor seinem Innern, mit ihr zugleich das ganze Netz dieser musikalischen Ausdichtung des Stoffes. Der Matrosenchor, das Spinnerlied waren Volksweisen, wie sie ihm nach dem „Freischütz" doppelt lebendig im Ohre sausen mussten. In sieben Wochen war das Werk fertig, nur am Ausschreiben der Ouvertüre verhinderten ihn noch einige Wochen lang seine drängenden Alltagsnöte.

Leipzig und München wiesen das Werk, mit dem er sein Vaterland neu begrüßen wollte, kurzweg ab. Letzteres erklärte, die Oper eigne sich nicht für Deutschland! Meyerbeer bewirkte dann die Ausnahme für Berlin. So hatte ihm das verhasste Paris zwei Werke geschenkt, in denen Saiten berührt werden, die so tief nur für den Deutschen erklingen. Er lebte jetzt ganz schon in der gewissen Rückkehr ins Vaterland. Was ist da erklärlicher, als dass sein Sinn auch mehr und mehr in den Geist, in die Entwicklung desselben dringen und ihm weitere, echtere Denkmale setzen wollte? Er studierte von neuem unsere Geschichte, freilich nur um einen ihm entsprechenden Opernstoff zu finden. Er haftete da zunächst an Manfred und der glänzenden Hohenstaufenzeit. Allein diese ganze historische Welt verwischte sich sofort, als er eine Gestalt erblickte, in der dieser Geist der Ghibellinen zu höchster

Fülle und Schönheit in rein menschlichen Zügen sich zusammenge-
fasst zeigte, *Tannhäuser*! Er kannte sie schon aus der deutschen Literatur von damals. Aber er konnte sie jetzt erst begreifen und ward von
dem einfachen Volksbuche so ergriffen, dass diese Gestalt seine ganze
Seele erfüllte und ihm den Weg in die historischen Tiefen unseres
Volksseins wies, das er in der Musik Beethovens und Webers längst
geahnt hat. Das Volksbuch aber war zugleich lose mit dem „Sänger-
kriege auf Wartburg" verbunden und dies zeigte ihm sogleich die
Möglichkeit der vollen Entfaltung der Eigenschaften seines Helden,
der den ersten deutschen Protest gegen römische Afterkultur und
Scheinmoral erhebt. Das alte Gedicht dieses Sängerkrieges ferner
steht mit der Sage vom Lohengrin in Verbindung, und so war in eben
diesem fremden Paris ihm der Blick für das heimisch Eigene, das von
uralters her Dasjenige, was im deutschen Geiste vom Menschengeiste
lebt, in diese Sagenbilder gelegt hat, mit einem Schlage und für immer
aufgegangen.

Am 7. April 1842, nach mehr als dreijährigem Aufenthalte in der
Fremde, verließ er Paris. „Zum ersten Male sah ich den Rhein: mit
hellen Tränen im Auge schwur ich armer Künstler meinem deutschen
Vaterlande ewige Treue", sagt er, und wir haben gesehen, dass ein
„armer Künstler" mit der Macht seines Zauberstabes Welten neuen
Lebens erstehen zu lassen und was unendlich mehr ist, den Genius
seines Volkes, ja den Geist der Menschheit wieder zu erwecken und
seine Zeit und Nation zu neuen dauernden geistigen Taten zu führen
vermag.

So kommen wir jetzt zu den ersten Anläufen der Verwirklichung
solcher „Taten". Sie sollten noch Schweiß, Angst, Kampf und Pein
jeder Art kosten, aber sie geschahen, sie sind da!

3. Revolution in Leben und Kunst

(1842–1849)

„Gib mir, wo ich stehen kann!"

Archimedes.

„So sei uns denn der fliegende Holländer ein Hoffnungssignal, dass wir bald von der wüsten Irrfahrt in den fremden Meeren ausländischer Musik erlöst sein und die selige Heimat finden werden!" schloss ein begeisterter Bericht über die erste Aufführung des „Holländers" im Mai 1843 in Riga. Ebenso schrieb die Illustrierte Zeitung: „Pflicht ist es jedem, dem vaterländische Kunst wirklich am Herzen liegt, das Vaterland mit einer so hoffnungsreichen Erscheinung wie die Wagners bekannt zu machen." Wagner selbst aber nannte damals den Erfolg des Werkes einen wichtigen Fingerzeig, dass wir nur schreiben müssen, „wie es der uns Deutschen angeborne Sinn eingibt". Dass er selbst damit eine neue Zeit und zwar zugleich im höchsten und reinsten Sinne, als Ausgießung eines neuen Geistes ersah, sagt uns die Komposition jenes „Liebesmales der Apostel" aus diesem Jahre 1843 in der Bibelstelle: „Seid getrost, ich bin euch nahe und mein Geist ist mit euch!" Ein bei 40 Mann starker Chor verkündete siegesgewiss diese Verheißung aus der hohen Kirchenkuppel bei dem sächsischen Männergesangvereins-Feste damals in Dresden.

Im Oktober 1842 war der „Rienzi", am 2. Januar 1843 der „fliegende Holländer" in Szene gegangen, beide unter glänzender Aufnahme. Denn Wagner selbst hatte die Einübung leiten können und dabei die Unterstützung von neugewonnenen Freunden und so bedeutenden Künstlern wie der *Schröder-Devrient* und *Tichatschek* gefunden. Dieser Erfolg machte ihn auch bald darauf zum Königlich sächsischen Hofkapellmeister. So stand er an der Stelle, wo einst *Weber* gestanden.

29

Er glaubte sich nun auch seinen ersehnten Zielen nahe und gab sich zunächst diesen glänzenden Kunst- und Lebenseindrücken umso mehr sorglos hin, als es ihm ja bisher an allem außer dem eigenen Wollen und Können gefehlt hatte. Allein wenn auch der „Rienzi" sich erhielt, der „Holländer" war im Grunde nicht erfasst worden und ließ je länger je mehr kalt. Wie sollte dies anders sein bei einem Publikum, wie damals das deutsche war, als im Salon und Bürgerhause französische Romane und auf der Bühne die französischen und italienischen Opern herrschten, die den Glanz aller sinnlichen Mittel bis zur höchsten Gesangsvirtuosität entfalteten, aber ein Gefühl für den tieferen Gehalt unseres Eigendaseins nirgend aufkommen ließen. Feiner fühlende Einzelne ahnten wohl darin die Weiterführung der edlen Geistesstimmung Mozarts, Beethovens, Webers. Wagner selbst sollte aber hier in Dresden den Kampf, den alle Drei gegen das Fremde gekämpft hatten, ebenfalls zu führen haben. „Musiker von Fach sprachen mir dichterisches Talent zu, Dichter von Fach ließen meine musikalischen Fähigkeiten gelten", so bezeichnet er selbst das schon bald eintretende Missverstehen seiner Bestrebungen und Werke, das erst ein Menschenalter später überwunden werden sollte.

Freilich das Publikum suchte er stets auf das Edlere und Bessere hinzulenken: er führte Glucks „Armide" und „Iphigenie in Aulis", Webers „Euryanthe" und „Freischütz", Marschners „Hans Heiling", Spohrs „Jessonda" und andere höchste Werke fürs Konzert, wie 1846 Beethovens „Neunte" und Bachs „Singet dem Herrn ein neues Lied" mustergiltig auf und half Erscheinungen wie Spontinis „Vestalin" wenigstens zur denkbar besten Wirkung bringen. Ebenso war er besonders mittätig, dass Webers Leiche aus London übergeführt wurde, und schrieb zu dem Leichenzuge im Dezember 1844 nicht bloß einen Trauermarsch nach Motiven aus der „Euryanthe", der von erschütterndem Eindrücke war, sondern rief auch der Nachwelt zu, was sie an dem jüngsten deutschen Meister der musikalischen Bühne gehabt habe und besitze. „Nie hat ein deutscherer Musiker gelebt als du!" sprach er am Grabe. „Sieh', nun lässt der Brite dir Gerechtigkeit widerfahren, es bewundert dich der Franzose, aber *lieben* kann dich nur der Deutsche. Du bist sein, ein schöner Tag aus seinem Leben, ein warmer Tropfen seines Blutes, ein Stück von seinem Herzen!" Es gelang ihm dabei oft, die

Leute lebhaft zu erregen. Im Ganzen aber blieb man seinen Ideen völlig taub und lebte in den gewohnten Anschauungen, in den gewohnten Genüssen weiter. Wagner begann aufs neue mehr und mehr zu vereinsamen. Und wenn die so tief missverstandene Darstellung des „ *Tannhäusers*", den er schon von Anbeginn des Eintritts in Dresden an zu dichten begonnen hatte, und die Abweisungen des Werkes von Seite anderer Bühnen wie Berlin, die dasselbe „zu episch" fand, ihm dieses Gefühl der Öde zur vollen Wirklichkeit machte, so waren es gerade solche neue Erfahrungen an der Bühne gewesen, was ihm zeigen musste, wie weit seine Kunst von ihrem Ideale, unser Leben von dem Erfassen unseres eigensten Gehaltes noch entfernt war. Er erkannte, dass er sich nur durch seine gegenwärtigen besseren Eigenverhältnisse darüber getäuscht habe, wie denn doch die Hohlheit des Lebens und das Elend der Bühne im Grunde allüberall herrsche. Haben sie sich doch im Laufe des nächsten Menschenalters nur zu sehr bestätigt! Und dem Wenigen, was derweilen wirklich geleistet worden ist, standen sie wie unserem Künstler feindlich gegenüber. Es führte ihn daher diese wachsende Wahrnehmung allmählich zur Empörung gegen alle Kunstverhältnisse seiner Zeit, und da er bald einsah, dass diese doch nur der Ausfluss der sozialen und politischen, ja unserer gesamten herrschenden Geisteszustände sei, zur offenen Revolution gegen alles Bestehende. Da jedoch alle diese Bewegungen seiner Seele zugleich der Quell seines künstlerischen Schaffens wurden, in dem er nun selbst die besseren Ideale und die edlere Kunst darstellen wollte, so sind wie bei jedem echten Künstler diese seine Werke seine eigentliche Lebensbeschreibung und wir folgen in ihrer Entstehung seinem inneren Lebensgange selbst.

Waren uns bisher die biographischen Notizen zu Dienst, die Wagner vor der Aufführung des „Holländers" seinem damaligen guten Bekannten H. Laube in die „Zeitung für die elegante Welt" gegeben, so leitet uns jetzt eine der ergreifendsten Seelenschilderungen, die es gibt, weiter, jene „Mitteilung an meine Freunde", die er im Jahre 1851 aus der Verbannung, in welche ihn sein edelstes Bestreben gebracht hatte, zu der Veröffentlichung der „Drei Operndichtungen", nämlich Holländer, Tannhäuser, Lohengrin, wahrhaft mit dem Blute seines Herzens geschrieben hat. Es ist der entscheidende Abschluss seiner künstlerischen wie menschlichen Entwickelung, aus dem sein höchstes Schaffen floss.

Wir haben dabei zunächst auf den „Holländer" zurückzugehen, der eigentlich „Hel-Länder" hieß und das Totenschiff, d.h. die herabgesunkene Sonnenbarke führte, auf der nach der germanischen Sage die Helden zu Hel, zur ewigen Nacht fuhren. Wir halten uns jedoch an die Neudichtung der Sage im Mittelalter, die allein Wagner kannte.

„Die Gestalt des fliegenden Holländers ist das mythische Gedicht des Volkes: ein uralter Zug des menschlichen Wesens spricht sich in ihm mit herzergreifender Gewalt aus", sagt dort Wagner denen, die trotz Goethes Faust noch nicht ahnten, welche Lebens- und daher Dichtungsfülle im Mythus liegt. Nach seiner allgemeinen Bedeutung ist dieser Zug als Sehnsucht nach Ruhe aus den Stürmen des Lebens zu fassen. Die Griechen festeten ihn in der Gestalt des Odysseus: sein Sehnen aus den Irrfahrten auf dem Meere geht nach der Heimat, nach Haus und Weib, – „auf dieser Erde quellen meine Freuden." Das Christentum, das nur eine geistige Heimat kennt, bannte diesen Zug in die Gestalt des „Ewigen Juden". Diesem Wanderer, der verdammt ist, ein längst ausgelebtes Leben immer und ewig zweck- und freudlos wiederzuleben, blüht keine Erlösung auf Erden, ihm bleibt nur die Sehnsucht nach dem Tode. Am Schlusse des Mittelalters, als sich der Menschengeist am Überirdischen ersättigt hatte und neue Lebenskraft ihn zu neuen Taten aufrief, äußerte sich dieselbe weltgeschichtlich am kühnsten und erfolgreichsten in dem erstehenden Weltentdeckungstriebe. Eine „wilde Männertatengier" ergriff jetzt die Menschheit, denn es war das erdumgürtende Weltmeer, das sich der Anschauung erschloss, nicht mehr das eng umschlossene Binnenmeer der Griechen. Die Sehnsucht des Odysseus, die sich in dem „Ewigen Juden" zur Todessehnsucht gesteigert zeigt, zielt jetzt nach einem neuen Leben, das noch nicht erkannt, wohl aber deutlich vorausempfunden wird: es ist die Gestalt des „fliegenden Holländers", in der sich beide Äußerungen des Menschheitsgemütes zu einer neuen und höchst eigenartigen Mischung vereinen, wie sie eben einzig der Volksgeist zu bewerkstelligen vermag. Er hatte geschworen trotz Wind und Wellen ein Kap zu umsegeln und ist daher vom Teufel d.h. dem Geiste dieser Elemente verdammt, in alle Ewigkeit auf dem Meere zu fahren.

Sein Sehnen steht ebenfalls nur auf Vernichtung und er kann finden, was dem Ewigen Juden noch versagt war, – durch ein Weib, das aus Liebe sich ihm opfert. Dieses sucht er also, um für ewig zu vergehen. Dieses Weib ist aber nicht mehr die heimatlich sorgende Penelope, sondern das Weib überhaupt, die liebende Seele der Menschheit, die der Welt in dem kühnen Welttatendrange verloren ging und ihr nur wiedergewonnen wird, wenn dieser selbst vergeht und einem neuen menschenwahreren Leben Platz macht.

„Dies war der fliegende Holländer, der mir aus den Sümpfen und Fluten meines Lebens so wiederholt und mit so unwiderstehlicher Anziehungskraft auftauchte: es war das erste Volksgedicht, das mir tief ins Herz drang", sagt Wagner. Von hier an begann denn auch seine Laufbahn als *Dichter*, mit der er aufhörte, Operntexte zu schreiben. Es ist zwar noch manches in diesem Entwurfe unentschieden und ver- schwimmend, allein die Hauptzüge sind mit kenntlicher Deutlichkeit in Worten hingezeichnet, und die Musik verleiht ihnen ein Leben, eine Bestimmtheit, wie sie mit so überzeugender Gewalt als ein unteilbares Ganze bis dahin die Oper nicht kannte, sodass vom „Holländer" an eine neue Epoche derselben oder vielmehr erst die Erreichung ihres dunkel geahnten Zieles als eines musikalischen Dramas zu rechnen ist. Es ist aber damit zugleich dass geistige Lebenselement der Gegenwart ausge- sprochen, die Sehnsucht nach einer neuen Welt, die uns zu Menschen erlöst und uns ein menschenwürdiges Dasein gewährt. Hier erscheint dies noch als die *Heimat*, sowie sie uns mit einem innig vertrauten All- gemeinen umschließt. Aber es ist doch bereits die Rücksehnsucht nach unserem eigensten heimischen Wesen, von dem allein aus wir auch die Spur unseres höheren Menschenwesens finden sollen, das uns an ein beengendes und entwürdigendes Fremde verloren gegangen. Goethes Faust, Byrons Manfred, Heines Ratcliff sprechen dasselbe Gefühl mit mehr oder weniger Schönheit und Kraft aus: die wonnige Ruhe der wirklich gewonnenen Erlösung, wie bei Wagner, haben sie nicht in glei- chem Maße, und diese Spur sollte er selbst jetzt nicht bloß nicht mehr verlieren, sondern stets energischer verfolgen, um damit den lastenden Felsblock der Zeit um ein gutes Stück weiter abzuwälzen.

Wir sehen dies sogleich im „Tannhäuser", der also bereits damals alle Fibern und Senen seines Wesens ergriffen hatte. Auch dieser Sage liegt ursprünglich ein Naturmythus zu Grunde: der Sonnengott sinkt abends auf Klingsors Bergschloss in die Arme der schönen Orgeluse, der Königin der Nacht, aus denen ihn am Morgen die Sehnsucht nach dem Lichte wieder forttreibt. Wir haben uns jedoch auch hier an die besondere Gestaltung der Sage im Mittelalter zu halten, die Wagner selbst mitgeteilt.

Die altgermanische Göttin Holda, deren jährlicher Umzug den Fluren Gedeihen brachte, musste bei Einführung des Christentums das Schicksal Wotans teilen, dass ihr freundliches Wirken verdächtigt und zu Bösartigkeit umgedeutet wurde. Sie ward in das Innere der Berge verwiesen, ihr Auszug wurde ein unheilbringender. Später ging ihr Name sogar in den der heidnischen Venus über, an den sich alle Vorstellungen eines Wesens, das zu böser Lust verlockt, leichter anknüpften. Ein solcher Sitz war der Hörselberg (Orgelusenberg) in Thüringen, der Frau Venus Hofhaltung in üppiger Wollust. Oft konnte man dort jubelnde Weisen vernehmen, die dann denjenigen, in dem bereits heiße Sehnsucht gohr, ohne zu wissen wie zum Eintritt in den Berg verlockten. Ein schönes altes Lied aber sagt uns, dass der edle Ritter Tannhäuser, mythisch mit Heinrich von Ofterdingen gleich, ein ganzes Jahr dort zugebracht habe, dann aber von der Erinnerung an das Erdenleben ergriffen nach Rom gepilgert sei, um Ablass seiner Sünden zu begehren. Da lautet es denn:

„Der Papst hätt' einen Stecken weiß,
Der war von dürren Zweigen:
„„Wann dieser Stecken Blätter trägt,
So sind dir dein Sünd' verzeigen (verziehen)!"""

Tannhäuser wandert wieder in den Berg. Aber das Volksgemüt weiß das Rechte:

„Das soll nimmer kein Priester tun,
Dem Menschen Misstrost geben.
Will er denn Buß' und Reu empfah'n,
Sein Sünd' sind ihm vergeben!"

Die Verdammung der Bußfertigen ist der Fluch der alten Kirche, weil nach der wahren Lehre des Evangeliums, so wie sie nach langem Ankämpfen das deutsche Volk in sich aufgenommen und treu bewahrt hatte, nicht die Werke, sondern der Glaube selig macht. Daher nach der weiteren Ausbildung der Sage sogar dem dürren Stecken wieder Blätter entsprießen! Denn: „Hoch über aller Welt ist Gott und sein Erbarmen ist kein Spott!"

Wagner kleidet die Erkenntnis dieses ewigen Erbarmens in das Bild der liebenden Elisabeth, die an dem kraftvollen Ungestüm dieser reinen Menschennatur aus einem ahnungslos kindlichen Wesen zur Hoheit des Martyriums erwächst. Erst als eine menschliche Seele die Kraft gewinnt, für sein Heil zu sterben, bricht sich der Ungestüm seiner eigenen Natur und er findet Erlösung im Tode, das Wesen der Religion betätigend, das Unwesen falscher Kirchenlehre ewig von sich abweisend.

„Es war eine verzehrend üppige Erregtheit, die mir Blut und Nerven in fiebernder Wallung erhielt", erzählt er selbst von der Ausführung dieses „Tannhäuser". Die glückliche Veränderung seiner Lage, die Berührung mit einem üppigen Hofe, die Hoffnung auf äußeren Erfolg hatten ein Verlangen nach Genuss in ihm genährt, das sein Wesen von seiner eigentlichen Richtung abdrängte. Er hätte dasselbe nur befriedigen können, wäre er als Künstler der herrschenden Mode und der Erfolgsucht gefolgt. Allein: „wenn ich alles zusammenfasse, was mir als innere Zerfahrenheit und äußere Mühseligkeit im Opernmusik-Machen zuwider ist, so häufe ich dies in dem Namen *Meyerbeer* zusammen", sagt er, da dasselbe alle Innerlichkeit verleugne und nur in äußeren Dingen zu befriedigen suche. Und dann, war der bloße Sinnengenuss das, was er wirklich ersehnte? Sein Sehnen keimte auf dem natürlichen Boden des unmittelbaren Lebenstriebes, die Religion und Sittlichkeit soll die Natur nicht entmannen, sondern heiligen. Ein reines keusches jungfräulich Heiliges stand vor seiner Seele, ein unnahbar und ungreifbar Liebendes. So umfing seine Natur, sagt er selbst, wie mit einer heftigen und brünstigen Umarmung die äußersten Gestalten seines Wesens, die beide in Einen Strom: höchstes Liebesverlangen, mündeten. Eine tiefere Empfindung für das, was Not tut, hat kein Künstler je besessen. Er stellt uns mit diesem Protest gegen die Ver-

35

gewaltigung unserer rein menschlichen Art wieder fest auf die eigenen Beine und versinnlicht im Bilde der Kunst den höchsten Prozess des Religiösen, die Wiedergeburt aus der Erkenntnis, die auch unser heimisches Wesen endlich sich wiedergebären lässt. Denn am Religiösen haben wir uns erhalten und sind eine große Nation geworden.

Daher er denn auch bekennt, dass er bei der Ausführung dieses „Tannhäuser" in so verzehrender Weise tätig gewesen sei, dass jemehr er sich der Beendigung genähert, die Vorstellung ihn beherrscht habe, ein schneller Tod werde ihn daran hindern! Er fühlte sich bei der Aufzeichnung der letzten Note völlig, als sei er einer Lebensgefahr entgangen. War der „Holländer" ein Protest gegen das wirre Umherfahren des menschlichen Geistes auf allen Gebieten des äußeren Erkennens und Ergreifens, so ist der „Tannhäuser" ein kühner weltgeschichtlicher Protest gegen alles dasjenige, was uns in dem dunklen Drange des Richtigen in unserer Natur vergewaltigen und äußerlicher Satzung untertan machen will. Fortan schreitet er auf das Gebiet des Reinmenschlichen über und zeigt uns auch hier im überzeugenden Bilde der Kunst das Ewige und Notwendige unserer Existenz mit dem weitesten Ausblick in die einzig naturgemäße Art unserer gesamten Entwickelung. Wir kommen zum *Lohengrin*, der 1847 im Entwurf, März 1848 in der Instrumentirung vollendet wurde und recht eigentlich sein „Schmerzenskind" ist.

Nach Vollendung des „Tannhäuser" hatte es ihn der angeborenen Heiterkeit seiner Natur gemäß zu dem Entwurf eines Satyrspieles auf den „Sängerkrieg auf Wartburg" getrieben: es sind die „Meistersinger von Nürnberg", von denen wir später hören werden. Allein die schmerzliche Erfahrung, mit seinem sehnendsten Wollen als Mensch und Künstler nicht verstanden, seines helfenden Dranges selbst nicht erlöst zu werden, hatte ihn mit geradezu leidenschaftlicher Heftigkeit in jene sehnsüchtig ernste Region seiner Natur zurückgetrieben, aus der er jetzt ganz den Lohengrinstoff verstand, der ihm vorher in dem mystischen Zwielicht seiner mittelalterlichen Erscheinung immer noch Misstrauen eingeflößt hatte: er erkannte ihn als ein Gedicht des sehnsüchtigen Verlangens der rein menschlichen Natur, als die unumgängliche *Notwendigkeit der Liebe*, und wusste ihn jetzt auch als Künstler zu fassen.

36

Der Grundzug der Sage liegt, sowie beim Tannhäuser in Odysseus' Flucht vor den Umarmungen der Sinnlichkeit, schon im Griechischen als ein rein menschlicher vor: „Zeus und Semele". Wie der Gott aus dem wolkigen Reiche des Olymp, so steigt Lohengrin aus dem unendlichen Äther, zu dem die christliche Idealität den Olymp ausgedehnt hatte, in menschlichem Liebessehnen herab zu dem menschlichen Weibe. Es geht ein uralter Zug durch die Sagen der Völker, die an Meeren wohnen: auf dem blauen Spiegel nahte ihnen ein Unbekannter von höchster Anmut und Reine, der durch seinen unwiderstehlichen Zauber jedes Herz gewann. Er verschwand wieder und zog auf den Wogen zurück, sobald nach seinem Wesen geforscht wurde. So war auch einst von einem Schwane gezogen im Scheldelande ein wonniger Held angelangt. Dort hatte er die verfolgte Unschuld befreit und einer Jungfrau sich vermählt. Da diese ihn aber befrug, wer er sei und woher er komme, habe er wieder von ihr ziehen und alles verlassen müssen. Wie deutet nun der Dichter diese Sage, die er erzählt, uns aus?

Lohengrin, der Sohn Parzivals, des königlichen Hüters des heiligen Grales, der alles Höhere der Menschheit bedeutet, ursprünglich jedoch wohl ebenfalls der germanische Sonnengott, der sich in die Arme der Nacht sehnt, – Lohengrin „suchte das Weib, das an ihn *glaubte*, das nicht früge, wer er sei und woher er komme, sondern ihn liebte, wie er sei und weil er so sei, wie er ihr erscheine. Er suchte das Weib, dem er sich nicht zu erklären, nicht zu rechtfertigen habe, sondern das ihn unbedingt *liebe*." Er musste deshalb gleich Zeus seine höhere Natur verbergen. Denn dann allein wusste er, dass er nicht bewundert, sondern wonach ihn, den Idealgesinnten, einzig verlangte, als er sich aus seiner Ätherhöhe zur warmen Erde herabschwang, *geliebt* werde. Er will Mensch, warmempfindender Mensch sein und das warmempfindende Herz gewinnen. So stieg er herab aus seiner wonnig öden Höhe, als er den Hilferuf dieses Herzens mitten aus der Menschheit da unten vernahm. Allein es haftet an ihm verräterisch der Heiligenschein der erhöhten Natur. Er kann nicht anders als wunderbar erscheinen, das Staunen der Gemeinheit, das Geifern des Neides wirft seine Schatten bis in das Herz der liebenden Elsa, Zweifel und Eifersucht bezeugen ihm, dass er nicht verstanden, sondern nur angebetet wurde, und entreißen ihm das Geständnis seiner Göttlichkeit, mit dem er vernichtet in seine Einsamkeit zurückkehrt.

Man muss sich vergegenwärtigen, wie hoch dieser Dichter bereits damals die Kunst hielt. War sie schon Goethe „gleich den guten *Taten*" und hoffte Schiller von ihr aus die Nation zu einem Ganzen zu einen, so erschien sie, vor allem nach der Entdeckung solcher höchsten Kunststoffe wie dieser Mythen, Wagner schon damals geradezu als der wahre Heilquell der Nation und Zeit, und wir werden noch vernehmen, wie er zuletzt auch unsere letzten und höchsten Ideale, die Religion selbst in dieselbe aufgenommen hat. Diese Kunst aber lebt nur in dem Herzen, das an sie glaubt, und wir sahen, wie fremd die Zeit gerade diesem Künstler gegenüber stand, der sich aus der „wonnig öden Einsamkeit" seines Schaffens zu dem warmen Menschenherzen hinabgeschwungen hatte. Er fühlte dies mit Recht als ein tragisches Verhängnis der Gegenwart und war daher auch im Stande, was kein Dichter bis dahin vermocht hatte, diesen Lohengrin als eine ganz neue Erscheinung künstlerisch zur Tat und Wahrheit zu machen.

Aber noch eines entdeckt er uns, das ihm seine Elsa offenbart habe: das Wesen des weiblichen Herzens. „Ich musste sie so berechtigt finden in dem endlichen Ausbruche ihrer Eifersucht, dass ich das rein menschliche Wesen der Liebe gerade in diesem Ausbruche erst ganz verstehen lernte", sagt er. „Dieses Weib, das gerade dadurch erst aus der entzückten Anbetung in das volle Wesen gerät und dasselbe an ihrem Untergange offenbart, dieses herrliche Weib, vor dem Lohengrin entschwinden musste, weil er aus seiner besonderen Natur es nicht zu verstehen vermochte, ich hatte es jetzt entdeckt." Und von welcher hellsichtig machenden Wirkung dies auf ihn war, hören wir ebenfalls. Der verlorne Pfeil, den er nach diesem edlen Funde abschoss, war sein Lohengrin gewesen, den er preisgeben musste, um mit Sicherheit dem „wahrhaft Weiblichen" auf die Spur zu kommen, wie es zuerst Goethe so sehnlichst ersehnt und die Musik wie eine Glocke im dunklen Walde uns hatte erklingen lassen. Dieses allein kann uns Erlösung bringen, nachdem der männliche Egoismus selbst in einer so edlen Gestalt wie unser bisheriger Idealismus war, sich vor ihm gebrochen hat. Diese Elsa aber war nichts anderes als der unbewusste *Geist des Volkes* selbst, und diese Erkenntnis musste ihn notwendig, wie er sagt,

„zum vollständigen Revolutionär machen". Denn er fühlte, dass dieser Geist des Volkes unter der Zwangsdecke verkehrter Moralvorstellungen und falscher Ideale stack, er hörte seinen Klageruf: und wahrlich, wenn jemals ein Genius seinem Volke, so hat Er ihm als ein solcher, als ein Wirker „guter Taten" nicht gefehlt! Dabei weist er denn damals schon prophetisch darauf hin, was später schönste Wirklichkeit werden sollte. „Hier kann nur eine gute Tat helfen", schreibt er nach Vollendung des Lohengrin. „Ein begeisterter tüchtiger Mann muss durch Glück zu Macht und Einfluss gelangen, dem es gestattet ist, seine innige Überzeugung zunächst zum Gesetze zu erheben. Denn endlich darf man annehmen, dass, wenn der Zufall es so will, ein König einen Tüchtigen ebenso gut gewähren lässt, als einen Unfähigen. Das Publikum kann nur durch Tatsachen gebildet werden. Solange aber eine ungeheure Majorität vor dem MEZZA VOCE einer Virtuosin dahinschmilzt, scheint sein Bedürfnis leicht erkennbar und zu befriedigen."

Wir haben jetzt noch zu berichten, wie er zu dieser ungewöhnlichen Kühntat eines Künstlers gelangte und folgen auch hierin rein seinen Aufzeichnungen als denjenigen Zeugnissen, die einzig alles Zweifels bar und in ihrer bis aufs Blut erregten Darstellung ergreifend genug für jeden sind, der ein Gefühl für die Nation als ein Stück Menschheitsgeschichte hat, dem seine besonderen Ideal-Aufgaben zugefallen sind.

Die Revolution vom Jahre 1848 war derweilen ausgebrochen. Obwohl niemals eigentlich politisch gesinnt, hatte doch auch Wagner die Notwendigkeit derselben vorausgesehen. Allein sobald er sich persönlich mit ihr berührte, erkannte er nur zu deutlich, dass von *seinen* Zielen keine der streitenden Parteien auch nur eine Vorstellung hatte. Er arbeitete zwar einen umfassenden Plan zur Reorganisation der Bühne aus, von der ja, wie die Verhältnisse liegen, allein der Nation und Zeit auch das Ideale wieder kräftigst einzuprägen war. Die politische Rednerbühne hat ja bald genug gezeigt, wie stumpf ihre Pfeile sind. Und katholischer Syllabus wie protestantischer Kulturkampf? – Beides totgeborne Kinder toter Mütter! Vor allem aber galt es, für jene Bühne selbst stets mehr die Ideale zu gestalten, an der die Gegenwart sich neu zu erheben vermöchte, und da traten noch während der Arbeit am „Lohengrin", bei der er sich immer wie auf einer Oase in öder Wüste fühlte und zu der ihn wesentlich die Aufführung der

Neunten Symphonie in Dresden stärkte, zu gleicher Zeit *Siegfried* und *Friedrich der Rothbart* vor seine Phantasie. Beides waren obendrein Stoffe, die unserem Herzen zunächst gelegen sind, beides der Typus wie das Vorbild unseres eigensten Wesens. Er erkannte aber bald, dass Friedrich I. nur eine geschichtliche Wiedergeburt des Siegfried und dieser in Wahrheit der jugendlich schöne Mensch sei, der allein Gegenstand und Mittelpunkt eines Kunstwerkes bilden könne, das so wie das von ihm erstrebte uns das rein Menschliche in seiner ganzen Fülle und Schönheit darstellen sollte. Wie er diesen Siegfried fand und deutete, hat er in seiner Schrift „ *Die Wibelungen.* Weltgeschichte aus der Sage" dargelegt, die im Jahre 1850 erschienen ist.

Das Entzücken über diesen Fund des „Wirkers wirklicher Taten, des Menschen in der Fülle höchster unmittelbaren Kraft und zweifellosester Liebenswürdigkeit", zu dem ihn seine Elsa geleitet hatte, – dieses Entzücken vermochte aber zunächst das Gefühl der traurigsten Vereinsamung mit seinem besten Wollen und Können nur zu steigern. Seine Sehnsucht erhob sich, da er in diesem wirklichen Leben nicht zu wirken vermochte, –

> *„Der Gott, der mir im Busen wohnt,*
> *Er kann nach außen nichts bewegen!"*

sagt Faust, – dieses Sehnen erhob sich zu einer Empfindung, als könne einzig die Flucht vor diesem Leben, die Selbstvernichtung ihm Erlösung bringen, und so trat ihm das Bild Dessen nahe, der durch seinen Tod der Welt die Erlösung gebracht hatte: er wollte einen rein menschlichen „Jesus von Nazareth" dichten, umso die lieblose Allgemeinheit, welcher Jesus zum Tode verfiel, in ihrer ganzen Nacktheit und Zerstörung auch für die Gegenwart aufzudecken. Einzig der Umstand, dass er ja jetzt sein Werk nicht zur Aufführung zu bringen vermöchte und nach der Revolution, die jene Zustände zerstören zu wollen schien, eine solche Kundgebung der inneren Empörung nichts mehr gelte, ließ diesen Plan unausgeführt bleiben. „ *Siegfrieds Tod"* dagegen war bereits in diesem Jahre 1848 dichterisch ausgeführt und in einzelnen Stücken sogar musikalisch entworfen: er hatte ihn der neuen Welt, die er geahnt, mit schwellenden Segeln und in überwältigendem Hoffen entgegengeführt. Jetzt kam es denn auch zum vollen Bruch mit dieser ihn umgebenden Welt, der er doch sein bestes Können und ganzes Dasein weihte.

Wagner selbst erzählt, wie er sich bereits damals über den Charakter der politischen Bewegung klar geworden sei. Entweder musste es ganz beim Alten bleiben oder das Neue musste vollständig zum Durchbruch gebracht werden. Er erkannte das Nahen der Katastrophe, die jeden, dem es um Änderung der allgemein gefühlten schlechten Zustände Ernst war, verschlingen musste, wenn er nicht sich selbst über alles liebe. Das ausgelebte Alte zeigte bereits offen und frech den Trotz des Bestehenden. Im Vorgefühle der unvermeidlichen Entscheidung, der auch er nach seinem klarsten Bewusstsein verfallen musste, floh er jetzt jede produktive Beschäftigung. Jeder Federzug kam ihm lächerlich vor, da er sich über seine Hoffnungen nicht mehr täuschen noch betäuben konnte. Er erging sich denn in diesen Maitagen von 1849 im Freien, um im erwachenden Frühlinge sich zu sonnen und alle eigensüchtigen Wünsche von sich zu werfen.

So traf ihn der Dresdener Aufstand, den er in einem letzten Hoffnungsaufblitz für den Beginn einer allgemeinen Erhebung in Deutschland hielt. „Wer sollte nach dem Mitgeteilten so blind sein wollen, nicht zu ersehen, dass ich da keine Wahl mehr hatte, wo ich nur noch mit Entschiedenheit einer Welt den Rücken kehren musste, der ich meinem Wesen nach längst nicht mehr angehörte!" schließt er, die unmittelbare Teilnahme an dem Maiaufstande deutlich aussprechend.

Kurz darauf rückten die Preußen ein, die nur auf einen Wink von Dresden gewartet hatten. Mit vielen Anderen musste Wagner die Flucht ergreifen. Eine lange traurige Verbannung folgte, die aber aus ihren Nöten den ganzen Mann und Künstler gebar, der seiner Nation ihre Ideale wiedergegeben, nein ihr Ideal erst völlig festgestellt hat. Wie diese Ahnung in ihm aufleuchtete, sagt das letzte Wort, das er über die Zustände und Menschen ausrief, die es uns schmählich verhüllten. Es ist ebenso kühn wie ergreifend, nur die Energie des höchsten Schmerzes um unsere heiligsten Güter gibt ein solches Wort ein. Es lautet:

„Mit nichts kann ich das Wohlgefühl vergleichen, das mich nach Überstehung der nächsten schmerzlichen Eindrücke durchdrang, als ich mich frei fühlte, frei von einer Welt marternder, stets unerfüllter Wünsche, frei von Verhältnissen, in denen diese Wünsche meine einzige verzehrende Nahrung gewesen waren! Als mich, den Geächteten und Verfolgten, keine Rücksicht mehr band zu einer Lüge irgend welcher Art, – als ich jede Hoffnung, jeden Wunsch auf diese siegreiche Welt hinter mich geworfen und mit zwanglosester Unumwundenheit laut und offen ihr zurufen konnte, dass ich, der Künstler, sie, diese so scheinheilig um Kunst und Kultur besorgte Welt aus tiefstem Grunde verachte, – als ich ihr sagen konnte, dass in ihren ganzen Lebensadern nicht ein Tropfen künstlerischen Blutes fließe, dass sie nicht einen Atemzug menschlicher Gesittung, nicht einen Hauch menschlicher Schönheit aus sich zu ergießen vermöge: – da fühlte ich mich zum ersten Male in meinem Leben durch und durch frei, heil und heiter, mochte ich auch nicht wissen, wohin ich den nächsten Tag mich bergen sollte, um des Himmels Luft atmen zu dürfen."

Das war ein Siegfrieds-Wort. Non jetzt an ward nicht mehr geruht, bis auch die Siegfrieds-Tat geschehen, dem Drachen das Schwert ins Herz gestoßen war.

Von außen wie von innen wurde dieselbe mit zäher Energie und wachster Klugheit vorbereitet: das Schwert selbst, die Werke der Kunst, hatte man sich ja schon geschmiedet. An Goethes edler Kunststätte begonnen, ward die wahre und würdige Produktion unserer Kunst jetzt „mit bedächtiger Schnelle" durch die Kulturstätten Europas geleitet, umso endlich im Herzen dieser Kultur und Kunst, in Deutschland, die Geister auf deren wahren Bestand zu lenken. Im bescheidenen Zürich, wo die Verbannung begann, in London, – Paris versagte, – in Petersburg, in Wien, in München und zuletzt gar in jenem Berlin, das damals „in seinen ganzen Lebensadern nicht einen Tropfen künstlerischen Blutes" zu haben schien, wurde die Welt stets aufs neue durch die Tat der Aufführungen, die allerdings meist nur noch stückweise geschahen, daraus hingewiesen, dass die Afterkunst des letzten Menschenalters uns von dem Ideale unserer selbst weltenweit entfernt hatte. Und endlich, endlich gelang es dann, zuerst in *München*, später in jenem *Bayreuth*, die entsprechende Darstellung für die Kunst der Bühne zu gewinnen und damit der Zeit den richtigen Begriff der Kunst als Ausprägung des Idealen, von dem alle Welt lebt, hoffnungsreich wiederzuerwecken. „Parsifal" aber heißt der Stoß, der das Herz jenes Drachen der modernen Theater traf, und der Siegfried, der ihn stieß, gewann mit seiner Kunst die schlummernde Braut, das neu erwachende Herz der Nation und der Menschheit.

Wer stände also heute auf, jener Faustischen Fluchabsage und prophetischen Ausweisung einer neuen Welt mit Zweifel oder Abweisung zu begegnen? Haben nicht in Politik und sozialem Dasein gerade die entscheidenden Mächte der Gegenwart sich der Ideen bemächtigt, die trotz allem auch als Kern in der Bewegung von 1848 und 1849 lagen? Verstehen dieselben aber auch erst die geistige Bewegung der Nation so sicher wie die politische und militärische, dann werden auch Kunst und Religion erst in die Würde und das Recht eintreten, die ihnen gebühren. Die Empörung Wagners war die Empörung der sich selbst entfremdeten besseren Seele unserer Nation. Dreißig Jahre der Tat haben gezeigt, dass sein Wort Wahrheit war. Wir kommen jetzt zu ihrer Darstellung.

4. Die Verbannung

(1850–1861)

„Das Land der Griechen mit der Seele suchend!"

Goethe.

Der erste Eindruck nach der jähen Wendung seines Geschickes sollte gerade in Wagners eigener Welt als von guter Vorbedeutung erscheinen. „Was ich fühlte, als ich diese Musik erfand, fühlte er, als er sie aufführte; was ich sagen wollte, als ich sie niederschrieb, sagte er, als er sie ertönen ließ", erzählt ja er selbst von der Tannhäuser-Probe unter der Leitung *Liszts* in Weimar, wohin er auf wenige Tage, um dieses „seltensten aller Freunde" willen, gegangen war, der bereits aus freien Stücken „Rienzi" und „Tannhäuser" in der kleinen thüringischen Residenz, der die Wartburg zugehört, ebenfalls gegeben hatte.

Wagner musste zwar jählings, als Fuhrmann eines großen Frachtwagens verkleidet durch den Park kutschierend fliehen, und obendrein stand ihm als Rettungsort einzig Paris da, das er denn auch sogleich nach dem ersten Wiedererkennen seiner ekelhaften Gestalt wie ein nächtliches Gespenst floh. Ja er sollte, um durch einen möglichen Erfolg als Opernkomponist dort seiner völlig mittellosen Subsistenz aufzuhelfen, nochmals dorthin zurückkehren, um dann für immer zu ersehen, dass diese „moderne Babel", von der aus Andere mit ihren Kunstsurrogaten die Welt erobert hatten, das gerade Gegenteil von dem war, was er für sein Schaffen suchte und brauchte. Allein er selbst ruft über jenes Weimar aus: „Wunderbar! Durch dieses seltensten aller Freunde Liebe gewann ich in dem Augenblicke, da ich heimatlos wurde, die langersehnte, überall am falschen Orte gesuchte, nie gefundene wirkliche Heimat für meine Kunst. Als ich zum Schweifen in der Ferne verwiesen wurde, zog sich der Weitgeschweifte an einen klei-

nen Ort dauernd zurück, um diesen mir zur Heimat zu schaffen." Liszt
hatte die Virtuosenlaufbahn völlig aufgegeben und wirkte zunächst als
großherzoglicher Hofkapellmeister in Weimar. Schon in der „grässlichen Pariser Vergangenheit" hatte Wagner ihn kennen gelernt, aber
noch wenig verstanden. Liszt aber ging wie ein älterer Bruder seinen
Spuren liebend nach und zog den verkannten Genius an sein großes
Herz. „Überall und immer sorgend für mich, stets schnell und entscheidend helfend wo Hilfe nötig war, mit weitgeöffnetem Herzen
für jeden meiner Wünsche, mit hingebendster Liebe für mein ganzes
Wesen ward Liszt mir das, was ich nie zuvor gefunden hatte, und zwar
in einem Maße, dessen Fülle wir nur dann begreifen, wenn es in seiner
vollen Ausdehnung uns wirklich umschließt!"

Zunächst hatte er sich nun in den frischen Schweizerbergen
zu einem schriftstellerischen Proteste gegen die augenblicklichen
Besieger der Revolution gesammelt, insofern sie sich als Beschützer
der *Kunst* ausgaben. Seine Schrift „Die Kunst und die Revolution"
deckte den Zusammenhang derselben mit dem ganzen wirren politisch-sozialen Zustande der Zeit aus und wies für das, was beute unter
diesem Titel zur Spekulation auf das „Publikum" sich anlasse, den
Namen Kunst energisch zurück. „Das Kunstwerk der Zukunft" war
eine längere Schrift, die den tötlichen Einfluss jener modernen Art
auf die Kunst selbst und die egoistische Zerstückelung derselben in
die herrschenden Einzelkünste dartat, das zukünftige Kunstwerk aber
in die erneute Zusammenfassung aller menschlichen Kunstfähigkeiten setzte. Aus dieser missverstandenen Behauptung ging das Wort
„Zukunftsmusik" hervor, das von einem verdorbenen Professor L.
Bischoff in Cöln erfunden, bald von der gedankenlosen Menge überall nachgeplappert wurde. Hatte die erste Schrift die Regierungen,
die bis dahin nur ihren Sondervorteil kannten, angegriffen, so erbitterte die missverstandene zweite auch die gesamten Künstler gegen
ihn. Am meisten aber regte er die geborenen Erbfeinde unserer Kunst
und Kultur gegen sich auf, als er in demselben Jahre 1850 unter dein
Namen „Freigedank" über das „Judentum in der Musik" schrieb. „Was
die Heroen der Künste dem kunstfeindlichen Dämon zweier unseliger Jahrtausende mit unerhörter und verzehrender Anstrengung
abrangen, setzt heute der Jude in Kunstwaarenwechsel um. Wer sieht

es den manierlichen Kunststückchen an, dass sie mit dem heiligen Notschweiße des Genies zweier Jahrtausende geleimt sind?" ruft er im schmerzlichsten Aufbäumen seines Innern von diesen hohlen Nachbetern der Zeit aus, die Konzertsaal und Bühne beherrschten, und die Legion ihrer Nachbeter wurden wahrlich seine Freunde nicht. Die Presse aber beherrschten sie. Darum kennen selbst heute noch seine so unerhört bedeutsamen Schriften nur seine „Freunde".

Zugleich aber dichtete er den Stoff „Wiland der Schmied" aus. Er sollte eben von Paris aus seinem deutschen Volke zeigen, wie die höchste Not sich selbst die Flügel schmiedet, nur der Knechtschaft zu entrinnen und die holde Freiheit und ewige Jugendart wiederzugewinnen. In dem eigenen Zwange des Fremden, in dem er jetzt arbeiten musste und der ihn an Leib und Seele krank machte, fiel dann eines Tages sein Blick auf die Partitur des „Lohengrin". Zwei Worte an Liszt und die Antwort war die umfassendste Vorbereitung zur Aufführung. Diese selbst fand am 28. August 1850 statt. Es war ein neuer Protest der Tat gegen eine falsche Kunstwelt, und im Jahre 1870 rief, als das Volk in Waffen gegen unseren äußeren Erbfeind hell gewappnet dastand, alles erstaunt einander zu: „Lohengrin!" Man dürfe kühn behaupten, dass diese Wahl zur Feier von Goethes Geburtstag seiner würdig gewesen sei: Wagner, so gut Dichter wie Musiker, habe seinem Werke die ganze Anziehungskraft und Schönheit der Tragödie verliehen, sowohl durch Sprache und Versbau wie durch den genialen Aufriss der dramatischen Verwicklung. Das Werk stehe als ein höchst wichtiges Ereignis in der Geschichte der deutschen Musik da, so ergriff der Freund mit der gleichen hinreißenden Beredtsamkeit, die seine Kunst hat, für den Freund auch die Feder.

Dieser selbst aber stellte nun zunächst 1851 in dem Buche „Oper und Drama" den Gegenstand seiner künstlerischen Revolution umfassend dar. Die bisherige Oper sei nicht einmal der Keim, wie viel weniger die Vollendung des von ihm erstrebten Kunstwerkes. Im Gegenteil müsse das bisherige Verfahren völlig umgekehrt und die Musik zum letzten und höchsten Ausdrucksmittel eines wirklich dichterischen Vorganges gemacht werden, nicht aber die Hauptsache sein, der sich sogar Wort und Situation untertan mache. Hier legte er alle seine künstlerischen Erfahrungen zu Grunde und glaubte sich sagen zu dürfen, wer ihn jetzt nicht verstehe, verstehe ihn nur nicht, weil er nicht – *wolle*. Man lese darüber die „Allgemeine Musikgeschichte" nach. Den wahren Freunden seiner Bestrebung aber schenkte er dann im Herbst jenes Jahres noch jene „Mitteilung", die zugleich den ganzen Menschen in ihm enthüllt und eine Seelenbiographie sondern Gleichen ist.

Auf welches weithin sichtbar hohe Ziel aber dieses sein Streben ging, sagt uns das endlich wiederaufgenommene Schaffen des Künstlers. Edelste und treuste Liebe hatte ihm in der Dependance der reichen Handelsherrnfamilie Wesendonck in Zürich eine freundliche Stätte der Ruhe bereitet. Die Aufführung des „Lohengrin" war ihm ein Aufruf zu neuen Taten: er nahm die *Nibelungendichtung* wieder auf und wir haben jetzt zunächst zu sehen, was diese für unseren Nationalgeist und damit die höheren Zwecke der Kunst und der Nation bedeutet.

„Den ersten Eindruck empfängt der Mensch von der ihn umgebenden Natur und keine Wirkung darin ist ihm so mächtig wie die des Lichtes", so beginnt er darüber in den „Wibelungen" von 1850. „Der Tag, die Sonne erscheint ihm als die Bedingung alles Seins. Dank und Anbetung wird ihm gezollt im Gegensatz zu der grauenerregenden dunklen Nacht. So aber wird das Licht Grund alles Daseins, Vater, Gott. Das Hervorbrechen des Tages erscheint als Sieg des Lichtes und naturgemäß bricht daraus zuletzt ein sittliches Unterscheiden hervor. Dieser Natureindruck ist die Grundlage aller Gottesempfindung, deren Scheidung in die einzelnen Religionen aus dem Charakter der verschiedenen Volksstämme geschah. Die Stammessage der *Franken* als des vornehmsten Typus der Germanen hat nun den Vorzug, sich fort und fort aus solchem Uranfange zum geschichtlichen Leben entwickelt zu haben. Sie zeigt uns in fernster Weite ebenfalls den individuellen Lichtgott, wie er das Ungetüm der chaotischen Urnacht erlegt: *Siegfrieds Kampf mit dem Drachen!*

„Wie nun aber weiter doch der Tag wieder der Nacht, der Sommer dem Winter erliegt, so ist auch Siegfried endlich wieder erlegt worden: der Gott wird sterblicher Mensch. Und wie er gefällt ist, erfüllt er das menschliche Gemüt mit höherer Teilnahme, ja er erregt als das Opfer einer uns beglückenden Tat das sittliche Gefühl der Rache an dem Mörder, das Verlangen nach Erneuerung seiner Tat. Der uralte

Kampf der Natur wird also von uns selbst fortgesetzt und sein Erfolg ist der Wechsel der Weltperioden im Menschengeschlechte, welches von Leben zu Tode, von Freude zu Leid sich fortbewegt und so in steter Verjüngung das Wesen des Menschen wie der Natur sich tatvoll zum Bewusstsein bringt. Der Inbegriff dieser ewigen Bewegung, des tatvollen Lebens selbst aber fand endlich im *Wotan* (Zeus), als dem Lichtvater, seine persönliche Gestaltung. Und war derselbe so waltender Vater selbst der übrigen Götter, so ist er doch nur einem erhöhten Bewusstsein des Menschen von sich selbst entsprungen, der Lichtgott Siegfried selbst aber dem Menschen natürlich und sozusagen persönlich angeboren.

„Der wichtigste Teil dieser fränkischen Stammessage ist nun der *Hort*, den Siegfried gewinnt, er hat ihr sein Eigengesicht gegenüber dem Urmythus gegeben. Die Skandinaven nämlich haben ein Nifelheim als Aufenthalt der Schwarzalben im Gegensatz zu den Lichtalben (Asen) aufbewahrt Diese Niflungar, Kinder der Nacht und des Todes, durchwühlen die innere Erde, finden ihre toten Schätze und beleben sie zu neuem Dasein, indem sie Waffen und Schmuck daraus schmieden. Diese *Nibelungen*, die sich übrigens auch bei dem Siegfried-Achill als Myrmidonen wiederfinden, sind nun mit ihrem Horte bei den Franken zu sittlicher Bedeutung ausgebildet. Als Siegfried den Nibelungendrachen erschlug, gewann er dessen Schatz. Der Besitz dieses Hortes, der seine Macht ins Unendliche steigert, da er nun den Nibelungen gebietet, ist aber auch der Grund seines Todes. Denn ihn wiederzugewinnen, strebt der Erbe des Drachen, er erlegt ihn tückisch wie die Nacht den Tag und zieht ihn in das finstre Reich des Todes: *Siegfried wird somit Nibelung!* Durch den Gewinn des Hortes dem Tode geweiht, strebt dennoch jedes neue Geschlecht unabwendbar nach ihm. Denn in dem Hort beruht der Inbegriff der irdischen Macht: *er ist die Erde mit all ihrer Herrlichkeit selbst,* wie wir sie beim Anbruch des Tages als unser sonniges Eigentum erkennen, nachdem die Nacht verjagt worden, die ihre Drachenflügel gespenstisch grauenhaft über die reichen Schätze der Welt ausgebreitet hatte.

„Der Hort selbst endlich, das besondere Werk der Nibelungen, sind die metallenen Eingeweide der Erde, die uns die Erde selbst zu nutzen verhelfen, dann aber Waffen, Herrscherreif und goldene Schätze, die Mittel der Herrschaft und deren Wahrzeichen. Der Gottheld Siegfried, der ihn zuerst gewann und so Nibelung ward, hinterließ seinem Geschlechte den Anspruch auf den Hort: den Gefallenen zu rächen und den Hort wiederzugewinnen macht die Seele des ganzen Geschlechtes aus, an ihm ist es in Geschichte wie in Sage stets wiederzuerkennen, dieses Geschlecht der Nibelungen-Franken."

Dem entsprechend sitzt der edelste Held der „Wibelungen", wie dann später alliterierend mit „Welfen" gesagt wurde, der Hohenstaufe Friedrich Barbarossa als Herrscher in dem Berge, den Wotans Raben umkreisen. Ja vielleicht waren schon in der indogermanischen Heimat die Franken der herrschende Stamm, und jedenfalls haben sie, sobald sie in die Geschichte eintraten, die Herrschaft der Welt beansprucht. Dieses Dranges musste sich Karl der Große bewusst sein, als er die alten Stammeslieder sammelte, die den Stammesglauben enthielten. Aus ihn gründete Napoleon seinen Anspruch auf das Reich des Charlesmagne. Ja sollten die Hohenzollern ohne Ahnung solcher urgermanischen Erinnerung gewesen sein, als sie trachteten, ihren alten Stammessitz im Hohenstaufen-Lande wiederzugewinnen?

Soweit die innere Verbindung der Nibelungensage mit unserer Geschichte. Allein nicht die äußere Herrschaft ist das letzte Ziel eines wahren Kulturvolkes. Wie sich dies schon als Bewusstsein unserer Vorfahren darin andeutet, dass sie dem „Hort" zum *Grale*, die sinnliche Herrschaft zur geistigen machten! Wagner selbst aber hatte mit dieser Deutung des Nibelungenmythos sich die höhere und ewige Weltwahrheit eingestanden, dass dieses Leben durch und durch tragisch ist und der Wille, der eine Welt nach seinem Wunsche bilden wollte, endlich zu nichts Befriedigenderem gelangen kann, als durch einen würdigen Untergang sich selbst zu brechen. Und diese letzte Wahrheit, die sich schon dem ältesten Orient klargemacht hatte, als er Jakob im Traume durch den Herrn selbst den Eigenwillen brechen ließ, zieht sich als tiefe Ahnung durch den germanischen Mythus und ließ die Deutschen zuletzt nicht bloß den aus solcher Grundlage erblühten höheren Glauben annehmen, der sie in ihrer ungestümen Tatkraft einzig der Geschichte erhielt, sondern diese christliche Wahrheit selbst erst auf tiefere Weise ausbilden. Sie hatten schon in ihren Mythen angedeutet, dass denn doch der Besitz dieser Welt nicht das allein Erstrebenswerte sei. Sie haben den Weltenbrand Muspilli, die *Götterdämmerung*. Und dieses Siegen über die Welt durch Überwindung seiner selbst ist es denn auch, was Wagner als letzte Ausdeutung unseres nationalen Mythus gibt. Seine Brünnhilde sagt, als sie das Letzte, was sie noch an die Erde fesselt, ihr eigenes Leben dem geliebten Toten, Siegfried, spendend dem Scheiterhaufen zuschreitet:

> *„Verging wie ein Hauch der Götter Geschlecht,*
> *Lass' ohne Walter die Welt ich zurück.*
> *Meines heiligsten Wissens Hort weis' ich der Welt nun zu:*
> *Nicht Gut, nicht Gold, noch göttliche Pracht,*
> *Nicht Haus, nicht Hof, noch herrischer Prunk,*
> *Nicht trüber Verträge trügender Bund,*
> *Noch heuchelnder Sitte hartes Gesetz, –*
> *Selig in Lust und Leid lasst die – Liebe nur sein."*

Dies war der „Ring des Nibelungen", den Wagner aus tausend Keimen und Ansätzen unserer gemeinsamen germanischen Stammessage, nicht aus dem bloß uns Deutschen eigenen und ungleich enger begrenzen Nibelungenliede sich und uns gewann. Aus „Siegfrieds Tod", jetzt „Die Götterdämmerung", erschloss sich ihm Siegfrieds Schwertschmiedung, Drachenkampf und Brautgewinnung, und das tiefere Eindringen in den Stoff nötigte ihn auch noch in der „Walküre" Brünnhildes Schuld und Strafe uns vorzuführen und dem Ganzen im „Rheingold" das psychologische Fundament zu geben. So stand es ihm schon 1851 fest, und im Jahre 1853 wurde die Dichtung, für die er die einzig entsprechende Form an der wellenden Quelle selbst, den Stabreim der Edda gewonnen hatte, zunächst den „Freunden", dann 1863 der Welt übergeben. Fortan galt ihm kein anderes Trachten, als dieses erste allumfassende deutsche Nationaldrama auch zur Tat in der wirklichen Aufführung als eines eigenen Festspieles fern von dem gewöhnlichen Theater zu machen. Zwanzig Jahre fast liegen zwischen dieser und dem dämmernden Beginn der Sache. Aber was wiegt die Zeit, wenn Großes und Größtes geschehen soll?

Das nächstfolgende Jahrzehnt in Wagners Leben ist wohl äußerlich ziemlich wechselnd, innerlich aber unwandelbar auf das eine stets deutlicher erkannte Ziel gerichtet, und jeder Anlass wird benutzt, es zu erzeigen, zu erreichen. *Spontinis'* Tod gibt Gelegenheit zu einem Nachrufe: „Verneigen wir uns tief vor dem Grabe des Schöpfers der Vestalin, des Cortez und der Olympia!" schließt derselbe. Die bescheidenen Musikverhältnisse Zürichs, woselbst er sich dauernd niedergelassen hatte, weil er hier stets persönlich freundlicheres Entgegenkommen fand, sucht er durch Oper und Konzert zu heben, wozu ihm eine besondere Anregung bot, dass sich aus Deutschland Schüler bei ihm meldeten: als bedeutendster *Hans von Bülow*, der in Weimar bei Liszt gewesen war und sich zugleich am „Lohengrin" begeistert hatte. Wagner überwindet sich dabei, jene selben Opern Meyerbeers und Anderer zu dirigieren, die sein „Lohengrin" für immer unmöglich machen sollte, – zur Aufführung seiner eigenen Werke reichten die Kräfte nicht aus. „Wir sind Ältere und Jüngere. Denke der Ältere nicht an sich, sondern liebe er den Jüngeren um des Vermächtnisses willen, das er zu neuer Nahrung in sein Herz senkt, – es kommt der Tag, au dem dasselbe zum Heile der menschlichen Brüder aller Welt eröffnet werden wird!" schließt sein „Oper und Drama". Trost und Ersatz ward ihm dafür durch Aufführung der Symphonien Beethovens, von denen er zwei mit einem eigenen Programm versah. Aber wenigstens das wahre Ziel der Sache wollte er selbst seiner gastlichen kleinen Stadt zeigen und verfasste eine Schrift „Ein Theater in Zürich": wie bei den Griechen sollte aus der Bürgerschaft selbst die Herstellung und Aufführung des Ganzen geschehen, – aufs neue ein Beweis seiner lebendigen Überzeugung von der hohen Kulturaufgabe der Bühne in unserer Zeit! Ja sogar Vorlesungen hielt er über die dramatische Musik und trug dann unter tiefstem Eindrücke die Dichtung von „Siegfrieds Tod" vor.

Bald darauf erschien der höchst bemerkenswerte „Brief an F. Liszt über die Goethestiftung", der in dem kräftig selbstbewussten Worte gipfelt, dass vor dem mit dem Musiker vereinten Dichter sowohl Maler wie Bildhauer jede Konkurrenz ablehnen und in ehrerbietiger Scheu vor einem Kunstwerke sich verneigen würden, gegen das ihnen ihre Werke nur als leblose Bruchstücke der Kunst erscheinen würden.

Man solle daher diesem Kunstwerke selbst eine würdige Stätte bereiten, nicht die Einzelkünste unterstützen, die sich an diesem selbst aufs neue beleben und erheben würden. Wir erfahren es heute, dass auch die bildenden Künste neue Schwingen entfalten, – Liszt und Wagner haben die ganze Epoche künstlerisch neu beflügelt: ihre eigenen Büsten hat Meister *Zumbusch* in Wien uns geschaffen. Das Gleiche rief er der musikalischen Kritik zu, und jetzt beginnen mit der allmählichen Verbreitung zuerst des „Tannhäuser" und bald auch des „Lohengrin" jene endlos scheinenden Fehden, in denen sich aber zugleich manch jüngere Kraft stählt: wir nennen *Uhlig, R. Pohl, P. Cornelius, Raff, Ambros*. Ebenso vermochten diese praktischen Aufführungen, sowenig sie künstlerisch ein Ganzes darstellten, jene Talente zu wecken und zu bilden, deren Wagner selbst sich zum Teil später noch zu seinen höheren Zwecken bedienen konnte: *Milde* und Frau, *Ander, Schnorr, Formes, Niemann, Beck*. Wagners Nichte Johanna besaß seine Darstellungsart schon aus der Dresdener Überlieferung. Er selbst versucht durch eine besondere Schrift über die Aufführungsart des Tannhäuser dieselbe aus der Verbannung heraus bei den Künstlern einzubürgern, man bleibt ihm aber noch taub oder feind. Umso mehr vertieft er sich selbst in seine Nibelungendichtung, die Errettung aus äußerer Vereinsamung seinem guten Genius überlassend. Doch wurde ihm auch diese zur Wonne, wenn er nach W. von Eschenbachs „Parzival", der ursprünglich auch die Leiden und Taten des mythischen Sonnenhelden darstellt und ihm schon seit 1845 bekannt, damals näher trat, die unschuldsvolle Waldeinsamkeit zu schildern unternahm, in der sein junger Siegfried aufwuchs, und daran alle Wunderfähigkeit der Natur, vor allem die innere Zuversicht gewann, in der der Mensch „das Fürchten verlernt."

Ein Ausblick ins Lichte gegenüber dem Zweifel der Freunde an seinem „ungeheuerlichen Unternehmen", von dem die Kunde doch nicht ganz im Walde verhallen konnte, war es denn, dass die deutschen Künstler, die er im Frühjahr 1853 zu einer „Wagnerwoche" nach Zürich einlud, bereitwillig dem Ruf entgegneten und Stücke jener vollendeten Werke mit einer Wirkung aufführten, dass „der liebenswürdige Meister bis zur Hälfte seines Körpers in Blumen begraben stand". Für die Ouvertüre zum „Holländer" und die Lohengrin-Einleitung verfasste er ebenfalls eine erläuternde Einführung. Im Herbst desselben Jahres war er in Italien und fand, schlaflos in einem Gasthofe von La Speccia ausgestreckt, zuerst jene „plastischen Naturmotive", die sich im Verlaufe der Nibelungentrilogie in immer individuellerer Entwickelung zu den Trägern der Leidenschaften und der in ihr sich aussprechenden Charaktere gestalten. Sofort kehrte er in die trübselige Heimatsfremde zurück, um an die Ausführung seines übergroßen Werkes zu gehen, das ihn fortan für Jahre nicht mehr los ließ. Ein Besuch *Liszts* im Oktober führte ihn auch in Beethovens letzte Sonaten so tief ein, dass ihm jetzt erst diese Sprache völlig zu der seinen wurde. „Rheingold" und „Walküre" waren dann bald beendet.

Sein Ruhm wuchs derweilen stetig. Er empfing eine Einladung für die Konzerte der Philharmonischen Gesellschaft in London, für welche einst Beethoven die Neunte Symphonie geschrieben und die Zehnte entworfen hatte, die nach seinen Skizzen die innerlich von jedem großen Dichtergeiste ersehnte Einigung des tragischen Geistes der Griechen mit dem religiösen der modernen Welt hergestellt zeigen sollte: Wagners eigenes höchstes Ziel, im „Nibelungenring" berührt, im „Parsifal" erreicht! Die Engländer waren damals noch entfernter als die Deutschen, von seinen Bestrebungen Verständnis gewinnen zu können, und der jüdische Geist ihrer Kirche machte ihnen den „Judenverfolger" geradezu verdächtig. Ebenso bereitete die „rnenschliche" Vortragsweise, die der dort vergötterte *Mendelssohn* als Tradition hinterlassen hatte, ihm anfänglich Schwierigkeiten. Allein seine zähe Energie siegte überall, wo es der Kunst galt, und das letzte der acht Konzerte, in dem die Cdur-Symphonie Mozarts und die Achte Beethovens nebst der Tannhäuser-Ouvertüre wiederholt werden mussten, brachte ihm durch einen wahren Beifallssturm Entschädigung für die unwürdigen Verleumdungen der Blätter, besonders der Times. Gleichwohl war er erst mehr als zwanzig Jahre später zu bewegen, wieder nach London zu geben. Die Einladungen nach Amerika aber lehnte er sogleich ab.

Seine künstlerische Erregung war damals eine hochgehende. Es seien ihm zwei neue Stoffe aufgetaucht, deren er sich während dieser Nibelungenarbeit kaum erwehren könne, bemerkte er im Herbst 1856 einem deutschen Verehrer: einer war der „Tristan", der ihm schon innerhalb der Walkürenkomposition aus Gottfrieds glänzendem Epos erstanden war, der andere vermutlich der „*Parsifal*", dessen Charfrei-tagszauber sogar schon ins Jahr 1852 fallen soll. Im Oktober besuchte ihn abermals *Liszt* und hörte am Klavier die „Walküre". Eine Musikzei-tung in Leipzig wagte jetzt schon von einer Tat zu sprechen, die bald die ganze musikalische Welt bewegen werde. Mit welcher sprühenden Heiterkeit er aber auch damals den „Siegfried" mit seinein Schmie-deliede aufführte, bezeugt uns der „Brief über Liszts Symphonische Dichtungen", der im nächsten Frühjahre 1857 erschien.

Zufall und innerer Drang führten dann aber zunächst zur Vollen-dung von „*Tristan und Isolde*".

Die Hoffnungslosigkeit des Erfolgs seines Schaffens fiel manchmal lähmend über ihn. „Wenn ich so eine Partitur nach der anderen vor mir niederlegte, um sie selbst nie wieder aufzuschlagen, kam ich mir selbst vor wie ein Nachtwandler, der von seinem Tun kein Bewusst-sein hat", erzählt er. Und doch musste er diesen „hellen Tag" der deut-schen Oper, den er mit den Nibelungen fliehen wollte, suchen, um nur selbst nicht ganz aus dem warmen Lebensgefühle in seiner Kunst zu kommen. Er gedachte also den ungleich einfacheren Tristanstoff den Grenzen der üblichen Vorstellungen anzupassen. Sonderbarer Weise traf ihn damals der Antrag zur Komposition einer Oper für die vor-treffliche italienische Truppe in Rio Janeiro. Er dachte dagegen an Strassburg, und nur der Besuch Eduard Devrients im Sommer 1857 brachte ihn auf die Absicht, das Werk für Karlsruhe zu bestimmen, wo Großherzog Friedrich und seine Gemahlin Prinzessin Luise von Preu-ßen ein stets lebhafteres Interesse für die Kunst betätigten und ein vor-züglicher Sänger weilte, von dem ihm schon Tichatschek persönlich berichtet hatte: jener Ludwig Schnorr von Carolsfeld, der denn auch der erste Tristansänger werden sollte.

Tristan gehört, wie Siegfried und Parzival, in den Kreis der Sonnen-helden der uralten Sage. Auch er steht unter dem Zwange der Täu-schung und muss die eigene Braut dem Freunde zuführen, um dann in Erkennung seiner Not freiwillig zu vergehen. So blieb hier Wagner in seiner Dichtungssphäre. Aber während beim Siegfried der große Welt-zusammenhang des Nibelungenmythos festgehalten werden musste und nur der jähe Untergang des Helden durch die Rache des Weibes erfasst werden konnte, das mit ihm todesmutig sich selbst opfert, liegt der Hauptstoff des Tristan in der Liebesqual, welcher die beiden Liebenden, nachdem sie durch den Liebestrank über ihr Verhältnis aufgeklärt worden, zum Tode verfallen sind: *Tod durch Liebesnot*. Was im Siegfried ein Augenblick entscheidender Heftigkeit ist, wird dort zu einem unendlich mannigfaltigen psychologischen Vorgange, in den Wagner sogar das ganze tragische Wesen unseres Daseins hineingewebt hat, das ihn damals der große Philosoph *Schopenhauer* als eine „Wohltat" hatte kennen lehren. In dieser Ähnlichkeit und Verschiedenheit zugleich aber lag für ihn ein besonderer Reiz, den Stoff gerade jetzt auszuführen: er ist eine Ergänzung des Nibelungenstoffes, der ja ein ganzes Weltverhältnis umfasst.

Wunderbar sicher war es dabei, wie er das Mittel findet, die todbahnende Erkenntnis der beiden Liebenden vor unseren Augen erstehen zu lassen. Tristan hat im Auftrage seines Oheims König Marke die soldpflichtigen Iren bekriegt und im Kampfe Held Morold besiegt. Von dessen Geliebter Isolde nach der Verwundung zuerst unerkannt aufgenommen, ist er während der Verpflegung erkannt worden: ein Blick in seine Augen hat ihr Wesen völlig ihm zugewendet. Aber er, nichts davon ahnend, freit nachher das schöne Weib dem „müden König" und führt sie selbst ihm zu. Innerlich verwundet dadurch wie durch den Tod ihres einstigen Geliebten sinnt sie, die Tristan doch nicht mehr gewinnen kann, auf seinen Tod und bietet ihm noch auf dem Schiffe den Becher der Vergeltung für den erschlagenen Morold. Heimlich vertauscht aber Brangäne den Trank und beide, die sich den Tod zu trinken wähnten, in dem alle Liebe verginge, werden sich in diesem gewähnten letzten Lebensaugenblicke erst ganz ihres Lebens Leben, ihrer *Liebe* bewusst und gestehen einander das, wovon sie doch nicht lassen könnten. Nicht der Trank an sich also, sondern die Gewissheit sich den Tod zu trinken, löst ihren Zwang: der Trank bedeutet nur den Augenblick des Bewusstwerdens und Gestehens. Aber ebenso wenig können sie jetzt, nach Entdeckung ihrer Liebe durch König Marke, leben. Tristan rafft sich vom Lager empor, auf das eine Verwundung durch des Königs „Freund" ihn geworfen hat, und empfängt mit freiwillig aufgerissener Wunde die herbeieilende „Ärztin", die nun auf ewig im Tode sich mit ihm vereinigt.

Bei der Komposition des Werkes, die in Hoffnung baldiger Aufführung mit großer Raschheit vor sich ging und mit der er sogar wenigstens die vorübergehende Rückkehr ins Vaterland zu gewinnen gedachte, bemächtigte sich seiner das herrliche Wohlgefühl der vollkommenen Unbedenklichkeit. Mit voller Zuversicht konnte er sich hier in die Tiefen der Seelenvorgänge, die ja auch das letzte Ziel der Musik sind, versenken und gestaltete zaglos aus diesem innersten Zentrum der Welt auch die äußere Form des Werkes. Hier mochte man den strengsten Maßstab anlegen! Ja er ward bei der Ausführung inne, dass er sein System noch überflügele. Der tiefsinnige zweite Akt ward in Venedig entworfen, wo er den Winter 1858/59 seiner Gesundheit wegen zubringen musste. Dann siedelte er nach Luzern über.

Derweilen aber waren wieder neue Hoffnungsstrahlen aus der Heimat in seine Einsamkeit gedrungen. Außer Karlsruhe schienen Wien und Weimar jetzt gesteigerte Anteilnahme zu gewinnen. Ihn selbst aber sehnte es stets tiefer, auch in dem lebendigen Ertönen seiner Kunst neu zu erwärmen – „es graut mir davor, noch länger der vielleicht einzige Deutsche bleiben zu sollen, der meinen Lohengrin nicht gehört hat", schrieb er 1859 an H. *Berlioz,* – und er bat den Großherzog von Baden um seine Vermittlung, widrigenfalls er nach Paris gehen müsse. Der Großherzog tat alle möglichen Schritte, sie scheiterten, wie er selbst erzählt, an dem hartnäckigen Widerstande des Königs von Sachsen und wohl mehr noch an der Abneigung des unseligen Ministers von Benst, der als dilettierender „Selbstkomponist" von dem Dichterkomponisten wenig hielt. So ging Wagner denn im Herbst 1859 abermals nach dem ihm so verhassten *Paris,* wo er wenigstens dann und wann gute Instrumentalmusik hören konnte.

Er fand in Paris einzelne wahrhaft ergebene Freunde seiner Kunst wie seiner Person, die ihm wenigstens ein Stück Heimat in der Fremde verhießen, Villot, Champfleury, Baudelaire, den jungen Arzt Gasperini und Liszts Schwiegersohn Ollivier. Die Presse dagegen begann sofort ihr gehässiges und unreines Treiben gegen den „musikalischen Marat". Wagner antwortete durch die Tat: er gab durch eingeladene deutsche Sänger drei Konzerte mit Stücken seiner Werke. Es erschien die ganze feine Gesellschaft von Paris und der Beifall war besonders nach dem Brautchor des „Lohengrin" einmütig. Die Kritik aber blieb ohne Verständnis für die Sache und gehässig. Da gab, angeregt durch Mitglieder der deutschen Gesandtschaft, besonders der jungen Fürstin Metternich, für Wagner überraschend genug Kaiser Napoleon den Befehl, den „Tannhäuser" im großen Opernhause aufzuführen. Es musste eine seltsame Mischung von Freude und Besorgnis sein, was den Künstler dabei erfüllte: er sollte von Frankreich aus sein Vaterland erst völlig erobern, aber an einer Stelle, die der „großen Oper" gehörte und alle die unkünstlerischen Eigenschaften hegte, die sein Schaffen unmöglich machen wollte! Doch die Heimat war ihm verschlossen, er ging also mit dem gewohnten Ernste auch an diese Arbeit, und als sollte es eine Belohnung seiner Treue sein: während dieser Einstudirung kam endlich die langersehnte *Amnestirung*, jedoch mit Ausnahme Sachsens!

Noch in demselben Sommer 1860 benutzte er die neugewonnene Freiheit zu einem Ausfluge an den Rhein, dann ging es zurück an die Proben. Die Heldengestalt *Niemanns* war für die Titelrolle gewonnen. Um das Publikum aufzuklären, schrieb er unterdessen, den landläufigen Witz bestens aufnehmend, den Brief über die „Zukunftsmusik", der als Vorwort zu einer Übersetzung seiner vier vollendeten Dichtwerke außer dem Nibelungenring erschien und in bewundernswerter Schärfe den Nerv seines ganzen Wollens und Tuns aufdeckt. Die Presse war dagegen ihrerseits mit allen erdenklichen Mitteln tätig, Paris von vornherein gegen das Werk einzunehmen. Dazu kam, dass Wagner sich nicht entschließen mochte, der dortigen Gewohnheit huldigend im zweiten Akte das Ballet anzubringen, zu dem der Jockeyclub erschien, der aus der höchsten Gesellschaft bestand. Er hat nur die Szene im Venusberg reicher und schwungvoller ausgestaltet. So fanden sich denn die Presse und jener Club, die schlechten semitischen und die unverständigen gallischen Elemente, jene leider gar aus unserem Deutschland stammend, zusammen, um bei der Aufführung im Frühjahr 1861 das Werk zu Falle zu bringen. Nie hat die Kunstgeschichte etwas Unwürdigeres gesehen: die Herren vom Jockeyclub wussten trotz allen Protestes der Zuschauer durch Jagdpfeifen die Vorstellungen unmöglich zu machen und die Presse erklärte dieses Schicksal des Werkes für gerecht! Wagner zog dasselbe daher nach der dritten Vorstellung zurück und lud sich dadurch obendrein eine große

Entschädigungssumme auf, unter deren Abzahlung er noch Jahre lang zu leiden hatte. Gleichwohl hatte ihm persönlich dieses Erlebnis ein Gefühl der freudigen Erhebung gewährt. Denn es brachte ihn die innere Bewegung der Sache, wie er selbst sagt, „in sehr bedeutende Beziehungen zu dem achtungswertesten und liebenswürdigsten Elemente des französischen Geistes" und er konnte erkennen, dass sein Ideal als ein rein menschliches allüberall Bekenner finde. Die Aufführung selbst hatte ihm nicht behagen können. „Möge alles Ungenügende derselben unter dem Staube jener drei Schlachtabende gnädig verdeckt bleiben!" schrieb er kurz darauf nach Deutschland.

Er ersah also aufs neue, dass zunächst nur in der Heimat auch die Stätte der würdigen Ausführung seiner Kunst sei, und ein Besuch in der damaligen deutschen Kaiserstadt überzeugte ihn bei einer Lohengrin-Aufführung durch stürmischen Enthusiasmus, dass man fühle, welcher Schimpf dem deutschen Geiste soeben angetan worden war. Man wollte in diesem Wien wie in Karlsruhe denn auch den „Tristan" haben, allein es blieb beim Wollen. Auch auf einer Tonkünstlerversammlung, die unter Liszts Ägide im August 1861 in Weimar stattfand, konnte Wagner erfahren, dass der bessere Teil der deutschen Künstler sich bereits merklich zu ihm bekehrt hatte. Diese Erfahrungen nun in Verbindung mit der Hoffnung, in einem heiteren Stoffe aus dem deutschen Leben sich auch der heimischen Bühne endgiltig zu bemächtigen und mit seinem so unsäglich geliebten deutschen Volke von Herz zu Herzen zu reden und ihm ins Bewusstsein zu rufen, dass selbst sein natürliches Tagesleben von dem Geiste des Idealen durchleuchtet sein müsse, ließen ihm denn damals auch seine *Meistersinger von Nürnberg"* Wiedererstehen, und eben hier im fremden Paris dichtete er im Winter auf 1862 mm das Preislied von deutschem Leben und deutscher Knust, das so entzückend auf alle wirklich deutschen Herzen wirkt. Es war das Letzte, was er in der Fremde schuf, und er machte sich damit gewissermaßen von den trüben Erinnerungen der mehr als zehn Jahre dauernden Verbannung frei, um jetzt wahrhaft „heil und heiter" wieder vor seiner Nation zu erscheinen. Denn dass dieses endlich auch völlig geschehen müsse, stand als letzter Hoffnungsstern vor ihm. „Auf die Plejaden gerichtet und auf Bootäs!" strich sich ja auch Beethoven in der Odyssee an.

Wir schließen daher dieses Kapitel der Verbannung und ihrer verzweiflungsvollen Nöte mit dem Ausblick in eine heitere Zukunft, indem wir den Textentwurf jenes Werkes mitteilen, wie er ihn schon 1845 geschaffen hatte.

„Ich fasste Hans Sachs als die letzte Erscheinung des künstlerischen Volksgeistes auf", so sagt er, „und stellte ihn der meistersingerlichen Spießbürgerschaft entgegen, deren durchaus drolligem Pedantismus ich in der Figur des ‚Merkers‘ einen ganz persönlichen Ausdruck gab. Dieser Merker war der bestellte Aufpasser, der auf die Fehler der Vortragenden, namentlich der neu Aufzunehmenden merken musste: wem so eine gewisse Anzahl von Strichen zuerteilt war, der hatte ‚versungen‘ und ‚vertan‘. Der Älteste der Zunft bot nun die Hand seiner jungen Tochter demjenigen Meister an, der bei dem öffentlichen Wettsingen den Preis gewinnen werde. Dem Merker, der bereits um das Mädchen freit, ersteht ein Nebenbuhler in der Person eines jungen Ritters, der von dem alten Heldenbuche und den Minnesängern begeistert sein verfallenes Ahnenschloss verlässt, um in Nürnberg die Meistersingerkunst zu erlernen. Er meldet sich zur Aufnahme, hierzu namentlich durch eine schnell entflammte Liebe zu dem Preismädchen bestimmt, das ja nur ein ‚Meister‘" gewinnen kann. Zur Prüfung bestellt singt er ein begeistertes Lied, das aber bei dem Merker unaufhörlichen Anstoß erregt, sodass er schon mit der Hälfte des Liedes ‚versungen‘ hat. Sachs, dem der junge Ritter gefällt, vereitelt dann in guter Absicht für ihn den verzweiflungsvollen Versuch, das Mädchen zu entführen. Hierbei findet er aber zugleich Gelegenheit, den Merker entsetzlich zu ärgern. Dieser nämlich, der Sachs zuvor wegen eines immer noch nicht fertigen Paares Schuhe mit der Absicht ihn zu demütigen grob angelassen hatte, stellt sich in der Nacht vor dem Fenster des Mädchens auf, um ihr sein Lied als Ständchen zur Probe vorzusingen, da es ihm darum zu tun ist, sich ihre bei der Preissprechung entscheidende Stimme zu sichern. Sachs, dessen Werkstatt dem besungenen Hause gegenüber liegt, fängt beim Beginne des Merkers ebenfalls laut zu singen an, weil ihm, wie er dem darüber Erbosten erklärt, dies nötig sei, wenn er so spät sich noch zur Arbeit wach erhalten wolle: dass diese aber dränge, wisse niemand besser als er, der ihn so hart gemahnt habe. Endlich verspricht er dem Unglücklichen einzuhalten, nur solle er ihm gestatten, die Fehler, die er nach seinem Gefühle in dem Liede finden werde, auch auf seine Art anzumerken, nämlich jedesmal mit einem Hammerschlage auf den Schuh überm Leisten. Der Merker singt, Sachs klopft wiederholt stark auf den Leisten, wütend springt der Merker auf, aber jener frägt ihn gelassen, ob er mit seinem Liede fertig sei. ‚Noch lange nicht!‘ schreit dieser. Sachs hält nun lachend seine Schuhe hin und erklärt, sie seien just von den Merkerzeichen fertig geworden. Mit dem Reste des Gesanges, den er in Verzweiflung ohne Absatz herausschreit, fällt er vor der heftig kopfschüttelnden Frauengestalt am Fenster jämmerlich durch und erntet noch die Prügel der aufgeweckten Lehrbuben und Gesellen. Trostlos fordert er am anderen Tage ein Lied von Sachs selbst. Dieser reicht ihm ein Gedicht des jungen Ritters, von dem er vorgibt, nicht zu wissen, woher es ihm gekommen. Nur ermahnt er ihn, genau auf eine ‚Weise‘ zu achten, nach der es gesungen werden müsse. Der eitle Merker aber hält sich hierin für vollkommen sicher und singt nun vor dem öffentlichen Meister- und Volksgerichte das Gedicht nach einer völlig entstellenden Weise ab, sodass er abermals und diesmal entscheidend durchfällt. Wütend wirft er dem Sachs, der ihm ein schändliches Gedicht aufgehängt habe, Betrug vor. Dieser erklärt, das Gedicht sei durchaus gut, nur müsse es nach der entsprechenden Weise gesungen werden. Es wird festgesetzt, wer die Weise wisse, solle Sieger sein. Der junge Ritter leistet dies und gewinnt die Braut. Den Eintritt in die Zunft verschmäht er aber. Da verteidigt Hans Sachs die Meistersingerschaft mit Humor und schließt in dem Reime:

Zerging' das heil'ge römische Reich in Dunst,
Uns bliebe doch die heil'ge deutsche Kunst!

Wenig Jahre darauf entstand das deutsche Reich zu neuem Glanz und Segen, und noch ein Lustrum, so hatten wir mit dem Erstehen von „Bayreuth" die deutsche Kunst.

5. München

(1862–1868)

„So steigst du denn, Erfüllung, schönste Tochter
Des großen Vaters, endlich zu mit nieder!"

Goethe.

Zunächst hielt einerseits die Not des Daseins, andrerseits das natürliche Bestreben, sich und seinen neuen Schöpfungen einen Boden zu bereiten, Wagner in dem Zwange mit Stücken derselben Konzerte zu geben. Es geschah dies mit unzweifelhaftem Erfolge bei den unbefangenen Zuhörern in Wien, Prag, Petersburg und Moskau. Der russische Aufenthalt hatte ihm dabei eine bedeutende Summe eingebracht und er kehrte zu dauerndem Aufenthalte nach Wien zurück, um die Aufführung des „Tristan" abzuwarten. Allein derselbe musste wegen physischer Unfähigkeit Ander's endlich ganz zurückgelegt werden. Auch fühlte Wagner wohl, dass sowohl Verständnis wie guter Wille für die Sache fehlte: sogar die Isolde-Dustmann glaubte im Grunde nicht daran. „Aufrichtig gesagt, ich hatte es satt und dachte nicht mehr daran", erzählt er selbst.

Derweilen hatte er aber die Nibelungendichtung zum öffentlichen Druck gegeben und schrieb im April 1863 das berühmte Vorwort, das zur Erfüllung seiner Wünsche der letzte Anstoß werden sollte. Er hatte mit *Semper* den Bau eines Theaters festgestellt, welches nach der griechischen Anlage das Ganze der Zuhörerschaft auf den einen Punkt der Ausführung richten sollte, also amphitheatralisch war und das gegenseitige Begaffen der Leute unmöglich oder doch zur Nebensache machte, und in dem nach einer oft erstandenen Vorstellung von der tieferen Wirkung der Musik, wenn sie unsichtbar erschalle, das Orchester so tief gelegt war, dass kein Zuschauer die lächerlichen

Bewegungen der Ausführenden sah und zugleich ein vollständigerer Zusammenklang der so verschiedenartigen Instrumente stattfand. In einem solchen nur dem Kunstwerke, nicht dem Augengenuss geweihten Raume sollte die Vorführung als „Bühnenfestspiel" vor sich gehen. Vermöchten wohl kunstliebende Männer und Frauen die Mittel dazu zusammenzubringen? Oder gäbe es wohl einen Fürsten, der dazu nur aufwendete, was ihm die Unterhaltung seines mangelhaften Operntheaters für einen kurzen Zeitraum koste? „Im Anfang war die Tat!" schließt er mit Faust und fügt dann schmerzlich genug in einem Nachworte hinzu: „Ich hoffe nicht mehr, die Aufführung meines Bühnenfestspieles zu erleben: darf ich ja kaum noch hoffen, noch Muße und Lust zur Vollendung der musikalischen Komposition zu finden!"

Er gedachte nun zunächst das neuerstehende Wiener Hofoperntheater durch Beschränkung der Zahl der Vorstellungen und sorgfältige Ausprägung des Styls der vorgeführten Werke zu einer solchen würdigen Aufgabe vorzubereiten. Hatte doch schon Josef II. die Theater als „zur Veredlung der Sitten und des Geschmacks beitragend" sich gedacht! Ja er erbot sich vorerst ein begrenzteres Werk eigens für Wien zu schreiben, die „Meistersinger!" Allein die Antwort war, man meine für jetzt den Namen Wagner genügend berücksichtigt zu haben und einmal auch einen anderen Tonsetzer zu Wort kommen lassen zu sollen. „Dieser Andere war *Jacques Offenbach!*" fügt Wagner selbst alles sagend hinzu.

Wiederum Konzerte! Erst in Prag, wo man den „Tristan" zu haben wünschte, dann in Karlsruhe, wo dieser längst zurückgelegt worden, aber des Fürsten eigene Kunstliebe nicht erloschen war. Die Karlsruher und Mannheimer Kapellen gestanden, jetzt erst völlig gefühlt zu haben, dass sie Künstler seien. Eine Unterhandlung wegen gänzlicher Übersiedlung an den großherzoglichen Hof scheiterte an den – Hofleuten. Wagner hatte eine Hofequipage verlangt! Friedrich der Große meinte zwar, die Genies rangierten mit den Souveräns, allein so etwas war doch zu viel, zu viel! Und dann hatte er ja, o Schreck, die schönen Dukaten, die der Großherzog ihm geschenkt, abends zu einer Bewirtung der Musiker verwendet, die das Ganze ausgeführt hatten. Wohin sollten solche Ansprüche, solche Verschwendung führen! Die gleichen Hofleute erachteten es aber nicht für Raub, ihren edlen Fürsten jahrzehntelang schmählich zu verkürzen, sodass sie später selbst in Schmach dastanden und nur der unerschöpflichen Güte ihres Monarchen die Nichtbestrafung verdankten.

In Löwenberg, in Breslau und wieder in Wien, überall mit Konzerten Erfolg genug, aber das eigentliche Ziel? „Das Publikum jauchzte ihm entgegen, wo er sich blicken ließ, dagegen war die stimmführende Kritik gegen ihn spröde, wenn nicht feindlich gesinnt und die Direktoren der Theater verschlossen vor ihm die Türen“, sagt sein Biograph Glasenapp tatsächlich genug. Auch von der Nibelungendichtung hatte kein Mensch außer den engsten Kreisen Notiz genommen. Wohl fand man hie und da ein Exemplar des kleinen Bandes in Rot und Gold gebunden, aber der Besitzer musste eben der Sphäre Liszts oder Wagners angehören. „Wie sollte auch die dichterische Arbeit eines Opernkomponisten neben den Elaboraten literarischer Poeten von Fach in ernstliche Betrachtung gezogen werden“, sagt Wagner mit Recht. Er fühlte sich allüberall gerade da zurückgewiesen, wo er einzig Einlass begehrte.

„Mir schien kein Stern, den ich nicht sah erblassen.
Kein letztes Hoffen, dessen ich nicht bar:
Auf gutes Glück der Weltgunst überlassen,
Dem wüsten Spiel auf Vorteil und Gefahr.
Was in mir rang nach freien Künstlertaten,
Sah der Gemeinheit Loose sich verraten.

Der einst mit frischem Grün sich hieß belauben –
Den dürren Stab in feines Priesters Hand,
Ließ er mir jedes Heiles Hoffnung rauben.
Da auch des letzten Trostes Täuschung schwand.
Im Innern stärkt' er mir den einen Glauben,
Den an mich selbst ich in mir selber fand:
Und wahrt' ich diesem Glauben meine Treue,
Nun schmückt' er mir den dürren Stab aufs neue.

Was einsam schweigend ich im Innern hegte,
Das lebte noch in eines Andern Brust;
Was schmerzlich tief des Mannes Geist erregte.
Erfüllt' ein Jünglingsherz mit heil'ger Lust:
Was dies mit Lenzes-Sehnsucht hin bewegte
Zum gleichen Ziel, bewusstvoll unbewusst.
Wie Frühlingswonne musst' es sich ergießen,
Dem Doppelglauben frisches Grün entsprießen."

Im 17. Lebensjahre, zu seinem Geburtstage am 25. August 1861, hatte der Enkel jenes Königs Ludwig von Bayern, der zuerst unter den Fürsten Deutschlands wieder lebhaft den Sinn für bildende Kunst betätigte, als erstes Theaterstück den „Lohengrin" gesehen und dann voll Begeisterung auch nach den übrigen Werken dieses Meisters gefragt. Seine Schriften sagten Dem, der jetzt auf seinem Schreibtische nur die zwei Büsten, Beethoven und Wagner, stehen hatte, dass es dem Einen zu ergehen drohe, wie es dem Anderen in der Tat ergangen war, dass er vor Erreichung seines Zieles und seines Ruhmes ins Grab sank: sein stilles Gelübde war, diesem „Einen" seine Hand zu reichen, sobald er König sei. Zwei Jahre darauf erschien der „Ring des Nibelungen" im Druck. „Wird dieser Fürst sich finden?" hieß es dort. Im Frühjahr darauf schwebte in Wien der Dichter des Werkes in gar großer Bedrängnis. Die Silberrubel waren rasch dahingeschmolzen. Wie sollte solcher Alltagsschätze achten, dem der heilige Gral zu Diensten steht! Aber unerbittlich nahte die Gefahr des Verlustes der persönlichen Freiheit. Er musste fliehen, ein Freund hatte ihm eine Zuflucht auf seinem Besitztume in der Schweiz gesichert. Unterwegs weilte er einige Tage in Stuttgart. Da geht die Schelle an des Freundes Türe, doch Wagner wird verleugnet. Der Schellende wird dringender und erklärt auf sein Befragen dem Hausherrn; – es war der spätere Berliner Hofkapellmeister *Carl Eckert*, – er komme im Namen des Königs von Bayern! Ludwig II. war im März 1864 durch den raschen Tod Maximilians II. mit kaum 18 Jahren auf den Thron gelangt: eine seiner ersten Regierungshandlungen war die Berufung des begeistert verehrten Künstlers. „Jetzt ist alles gewonnen, meine kühnste Hoffnung übertroffen:

Er stellt mir alle seine Mittel zu Gebote!" mit diesen Worten sank derselbe an des Freundes Brust. Kurz darauf war er in München. „Er hat mich wie mit einem Füllhorn überschüttet!" lautete sein Ausspruch unmittelbar nach der ersten Audienz. „Was soll ich Ihnen nun sagen? Das Undenklichste und doch einzig mir Nötige ist völlige Wahrheit geworden. Im Jahre der ersten Aufführung meines Tannhäusers gebar mir eine Königin den Genius meines Lebens, der mich einst in tiefster Not in das höchste Glück bringen sollte. Er ist mir vom Himmel gesendet, durch ihn bin und verstehe ich mich", so schrieb er wenig Monate später, nachdem er sich in München niedergelassen hatte, an eine Freundin.

König Ludwig war eine echt königliche Jünglingsgestalt. Sein schönes Auge hatte zugleich etwas Schwärmerisches: dem scharfen Verstände gingen lebhafte Phantasie und wahrhaftes Gemüt zur Seite, sodass in seiner Naturanlage die drei geistigen Hauptpotenzen in schönem Gleichgewicht standen. Seine Gesinnung bekundet das Wort: „Sie sind Protestant? Das ist recht. Immer liberal!" Und die noch jugendlich umfangene Meinung: „Sie lieben die Frauen auch nicht? – sie sind so langweilig!" ließ alle Räume seines Innern der frohen Ausnahme idealer Regungen offen stehen. Das war ein jugendlicher König, wie ihn nur ein solcher Künstler träumen, ein solcher Künstler dauernd fesseln konnte. „Dem königlichen Freunde", lautet die Widmung der „Walküre", die in diesem Sommer 1864 erschien.

> „O König! holder Schirmherr meines Lebens!
> Du höchster Güte wonnereicher Hort!
> Wie ring ich nun, am Ziele meines Strebens,
> Nach jenem Deiner Huld gerechten Wort,
> In Sprach' und Schrift, wie such' ich es vergebens!
> Und doch zu forschen treibt mich's fort und fort,
> Das Wort zu finden, das den Sinn Dir sage
> Des Dankes, den ich Dir im Herzen trage."

Darauf folgen die oben gebrachten drei Verse und zum Schluss heißt es:

„So bin ich arm und wahre nur das Eine,
Den Glauben, dem der Deine sich vermählt.
Es ist die Macht, durch die ich stolz erscheine.
Er ist's, der heilig meine Liebe stählt.
Doch nun geteilt nur halb noch ist er meine.
Und ganz verloren mir, wenn Dir er fehlt:
So gibst nur Du die Kraft mir, Dir zu danken.
Durch königlichen Glauben ohne Wanken."

An dem letztern sollte es zum Glück trotz herbster Prüfung desselben nicht fehlen, und so gelangte denn der Künstler, was er hier schon erreicht wähnte, in der Tat zuletzt an das Ziel seines Strebens, an dem er heute als ein geistiger Erretter seiner Nation und seiner Zeit steht.

Als Hauptsache ward sogleich die Vollendung des Nibelungenringes ins Auge gefasst. Derweilen sollte aber mit dem „Tristan" zunächst eine mustergiltige Probe des neuen Kunststyles gegeben werden. Dazu ward *Schnorr* eingeladen, der jetzt in Dresden weilte. „Bot mir der Anblick des im kleinen Nachen landenden Schwanenritters den immerhin etwas befremdenden Eindruck der Erscheinung eines jungen Herakles (Schnorr litt an der Fettsucht), so wirkte aber auch mit seinem Auftreten der ganz bestimmte Zauber des gottgesandten sagenhaften Helden auf mich, in dessen Betreff man sich nicht fragt, wie er ist, sondern sich sagt: So ist er!" erzählt Wagner von der ersten Begegnung mit ihm 1862 in Karlsruhe. „Diese augenblickliche bis ins Innerste gehende Wirkung kann aber nur dem Zauber verglichen werden. Ich entsinne mich, sie in meinem frühesten Jünglingsalter für mein ganzes Leben bestimmend von der großen Schröder-Devrient empfangen zu haben und seitdem nie wieder so stark wie von Schnorr im Lohengrin." Er hatte in ihm einen „singenden wirklichen Musiker und Dramatiker" gefunden, und zwar vor allem von einer ungemessenen Begabung für das Tragische.

Zunächst ward derselbe nun am „Tannhäuser" erprobt, der in dieser Neuerscheinung auch einen ganz neuen Eindruck machte, an den die Münchener, die unter Leitung Franz Lachners in dem ausgefahrenen Geleise der Nachklassiker zu fahren gewohnt waren, sich erst zu gewöhnen hatten. Daun kamen die Proben zum „Tristan", den Schnorr bis auf eine einzige Stelle bereits völlig beherrscht hatte. Dieses „Aus Lachen und Weinen, Wonnen und Wunden" aber, den fürchterlichen Liebesfluch im dritten Akte, hatte ihm Wagner selbst schon damals nach seiner Macht des „ungeheuersten Ausdrucks" klarzumachen gewusst. Bei der Probe dieses Aktes selbst erhob sich Wagner wie taumelnd, um in erschütterter Umarmung dem wunderbaren Freunde leise zu sagen, dass er kein Wort über dieses sein nun erfülltes Ideal äußern könne, und Schnorrs dunkles Auge blitzte dabei unter kaum hörbarem Schluchzen wie der Stern der Liebe auf. Ebenso wusste *Bülow*, der jetzt als Vorspieler des Königs auch in München weilte, das durch Wagner selbst völlig neugeschulte Orchester wundervoll sicher zu führen, und so erging denn die Einladung zu diesem „Kunstfeste" in alle Ferne hin, soweit Wagners Kunst sich Herzen gewonnen. Dasselbe sollte dartun, ob und wie das Problem einer originalen und echten musikalisch-dramatischen Kunst zu lösen sei, durch welche dann auch dem allgemeinen Dasein Anteil an dem Tiefsten und Höchsten der Kunst gegönnt und bereitet werden könne.

Schon die Generalprobe hatte etwas sehr Festliches, die ganze musikalische Presse Deutschlands und zum Teil des Auslandes war herbeigeströmt. Wagner ward nach jedem Akte gerufen. Leider verzögerte sich dann durch Krankheit der Isolde (Frau Garrigues-Schnorr) die Aufführung um volle vier Wochen, sodass der Hauptstock der Zuschauer jetzt doch Münchener waren. Gleichwohl war der Jubel enthusiastisch und der Erfolg des unvergesslichen „Kunstfestes" vom 10. Juni 1865, zu dem nicht durch „Entrée" zu gelangen war, sondern von Wagner und seinem Königlichen Freund eingeladen wurde, war erreicht. Verstanden aber war das Werk selbst darum noch nicht, dazu gehörte hier wie anderwärts Zeit. Leider aber starb der edle Kunstdarsteller ganz kurz darauf in Dresden an einer Erkältung, die er sich bei der Szene, wo er ruhig auf dem Wundenlager liegen musste, durch die schnöde Rücksichtslosigkeit der Theaterleute in München zugezogen hatte. Wagner war aufs tiefste erschüttert: er wähnte den großen Granitblock zu seinem Baue verloren zu haben und nun auf bloße Backsteine angewiesen zu sein. Allerdings hat er einen Siegfried wie dieser Tristan war nicht gefunden.

67

Aber noch ein Anderes trat jetzt für eine gute Weile störend in das Unternehmen der beiden königlichen Freunde ein, der Widerstand der Münchener, der sie dauernd trennte.

War diesen schon eine Erscheinung fremd, die solche ungewöhnliche Anforderungen in künstlerischer Hinsicht stellt, so standen die menschlichen Eigenschaften Wagners damals wohl gerade keinem Lande ferner als Bayern, wie es zum guten Teil aus der Hand pfäffisch-jesuitischer Erziehung hervorgegangen war. Zwar die guten Eigenschaften, wie Einfachheit der Sitten und Lebenseinrichtungen, waren geblieben, aber der geistige Horizont war durch jene Erziehung ein verhältnismäßig beengter geworden, und was schlimmer war, die geistlich und aristokratisch bajuvarische Partei fürchtete um ihre Herrschaft, wenn ein Mann wie Wagner dauernd um den König blieb. Georg Herwegh hat den Hexensabbath, den in diesem Jahre 1865 jene Partei mit Hilfe anderer üblen Elemente in Szene setzte und der Wagner abermals in die Fremde trieb, drollig genug beschrieben.

„Vielverschlagner Richard Wagner, aus dem Schiffbruch von Paris
Nach der Isarstadt getragner sangeskundiger Ulyss!
Ungestümer Wegebahner, deutscher Tonkunst Pionier,
Unter welche Insulaner, teurer Freund, gerietest du hier!
Und was hilft dir alle Gnade ihres Herrn Alkinous!
Auf der Lebenspromenade dieser erste Sonnenkuss!
Die Philister, scheelen Blickes, spucken in den reinsten Quell,
Keine Schönheit rührt ihr dickes, undurchdringlich dickes Fell.
Ihres Hofbräuhorizontes Grenzen überfliegst du keck,
Und du bist wie Lola Montez dieser Biedermänner Schreck.
Solche Summen zu verplempern nimmt der Fremdling sich heraus!
Er bestellte sich bei Sempern gar ein neu' Komödienhaus!
Ist die Bühne, draus der Robert, der Prophet, der Troubadour,
Münchens Publikum erobert, eine Breterbude nur?
Schreitet nicht der große Vasco weltumsegelnd über sie?
Doch Geduld – du machst Fiasco, hergelaufenes Genie!

Ja trotz allen deinen Kniffen, wir versalzen dir die Supp';
Morgen wirst du ausgepfiffen, – vorwärts Franziskanerclub!"

Die Münchener Einfachheit stieß sich an der reichen Art, wie Wagner die ihm vom Könige geschenkte Villa einrichtete, die Verwaltung der Zivilliste an dem Theaterbau, der sieben Millionen Mark kosten sollte, aber auch München zu einer Feststätte für ganz Deutschland, ja für die gebildete Welt gemacht hätte. Die Presse brachte alle Tage etwas anderes aufregend Verleumderisches, sogar den Privatcharakter des Künstlers griff sie in einer Weise an, die zu einer sehr wirksamen öffentlichen Abwehr seinerseits führte. Selbst ganz anständige Leute wurden von dem allgemeinen Wahne, als zerstöre Wagner Bayerns Glück, auf unbegreifliche Weise angesteckt. Wenn ein bekannter Orient-Dichter unverstehend genug meinte, es sei gut, dass der Landstreicher endlich einmal von der Straße wegkomme, so verstieg sich zu der roh wütenden Frechheit: „Der Kerl verdiente gehängt zu werden!" ein Universitätsprofessor, der freilich einen Sohn hatte, der in Beethovens Sinne ein „Selbstkomponist" war und dieses alles da ja auch selbst hätte leisten können. Man wusste zuletzt in den König, dem dieses Affenspiel zunächst nur ein solches geblieben war, zu dringen, er solle doch einmal unabhängige Männer über die öffentliche Meinung in Bayern hören. Zu den Ministern und dem Polizeidirektor traten ein angesehener ultramontaner Reichsrat, der Herr Erzbischof und was noch alles unparteiisch und unabhängig sein sollte, und das Wort: „Ich will meinem teuren Volke zeigen, dass sein Vertrauen, seine Liebe Mir über alles geht!" bezeugt, dass es endlich gelungen war, auch die edelste Unbefangenheit zu täuschen. Der König selbst bat den Künstler München für einige Zeit zu verlassen und setzte ihm einen Jahresgehalt von 15000 Mark aus. Als dies geschehen war, bekundete eine öffentliche Erklärung der politischen Hauptpartei Bayerns, dass alles, was man „Unwillen des Volkes" über politische Umtriebe und dergleichen genannt hatte, eitel Nebelwind gewesen war: politische, soziale, künstlerische Parteiintrige und schmählicher Neid allein hatten dieses Gespenst bei Tage erzeugt.

Dies geschah zu Ende des Jahres 1865. Wagner wandte sich aufs neue in die Schweiz. Die Liebe des Königs zu ihm war durch dieses Vorgehen nur erstarkt, derselbe besuchte den Freund sogar in dem neuen freiwilligen Exil, und dieser hatte keinen näheren Gedanken als solcher Liebe durch die Tat zu begegnen: er setzte sich aufs neue ruhig zum Schaffen zurecht. München aber war seinem Sinne für immer entschwunden. Zwar trachteten edlere Elemente von dort zu seinem Geburtstage von 1866 den Schimpf, den man dort sich selbst angetan hatte, zu verwischen, indem sie Wagner einen silbernen Lorbeerkranz schickten. Allein die Ablehnung des herrlichen Semperschen Entwurfes durch die Zivilliste lenkte seine Gedanken von neuem auf das weite deutsche Vaterland und er begab sich jetzt sogleich an die Meistersinger-Arbeit, ob nicht durch solch ein weniger schwer verständliches Werk endlich auch der allgemeine Sinn ihm zugewendet werden könne und dann das Volk, das große deutsche Volk auch mithelfen werde, seine Hochtat der Errichtung eines Festspielhauses für ein nationales Kunstwerk wirklich auszuführen. Wir wissen heute, dass es gelang, zu dieser Tat wirkliche Freunde unseres Volkes fruchtbringend zu versammeln.

Der nächste bedeutende Schritt dazu war die Aufführung der „Meistersinger" in München im Jahre 1868. Denn sie gewann Wagner im Laufe der Zeit die Bühne auf eine Weise, wie es seit dem „Lohengrin" nicht mehr gesehen worden war.

Man hat mit Recht bemerkt, dass noch etwas erstaunlicher sei als der so hoch poetische „Tristan", nämlich der Künstler, der so kurze Zeit nachher ein Bild der verschiedenartigsten Färbung wie die „Meistersinger" schuf. Aber ebenso richtig sagt der gleiche Wagner-Kenner, wer sich über diese Nachbarschaft befremdet zeige, habe das Wesen und Leben aller wahrhaft großen Deutschen in einem wichtigen Punkte wenig verstanden: „er weiß nicht, aus welchem Grunde allein jene Heiterkeit Luthers, Beethovens und Wagners erwachsen kann, die von anderen Völkern gar nicht verstanden wird und den heutigen Deutschen selber abhanden gekommen scheint, – jene goldhelle durchgegohrene Mischung von Einfalt, Tiefblick der Liebe, betrachtendem Sinn und Schalkhaftigkeit, wie sie Wagner als köstlichen Trank allen denen eingeschenkt hat, welche tief am Leben gelitten haben und sich ihm gleichsam mit dem Lächeln des Genesenden wieder zukehren." Es wäre gerade hier noch ein Deutscher zu nennen gewesen, *Sebastian Bach*, und ihm gleicht Wagner obendrein am meisten in der weltbeherrschenden Art des Geistes, die sogar aus dem halb ironisch lächelnden Auge des einfachen thüringischen Kantors leuchtet und das Faust'sche „Schaffend Götterwonne zu genießen" zur Wahrheit des Augenscheins macht. Von ihm spielte er denn auch gerade damals viel Zweihändiges wie das „Wohltemperierte Klavier" mit seinem jungen Famulus *Hans Richter*, der ihm aus Wien zur Kopirung seines Werkes empfohlen worden war. Was war ihm all der Veitstanz närrischer Einbildung und täppischer Eigenliebe, wenn er, ein echter Prometheus, selbst so nach größten Vorbildern das Unvorhandene schuf! Und ein Wort über den „Tannhäuser" sagt uns, wie selig tief er stets von dieser Wonne des wahren Schaffens umfangen war. „Ehe ich daran gehe, einen Vers zu machen, ja eine Szene zu entwerfen, bin ich bereits in dem musikalischen Dufte meiner Schöpfung berauscht", schreibt er im Jahre 1844. „Ich habe alle charakteristischen Motive im Kopfe, sodass, wenn darin die Verse fertig und die Szenen geordnet sind, für mich die eigentliche Oper ebenfalls schon fertig ist und die detaillierte musikalische Behandlung mehr eine besonnene und ruhige Nacharbeit wird, welcher der Moment des eigentlichen Produzierens schon vorausgegangen ist?" Diese Heiterkeit, die manchmal selbst noch den alternden Beethoven über Tisch und Bänke springen ließ, ergriff auch unseren Meister oft in der eigentümlichen Gestalt, dass er sich mitten in der Gesellschaft plötzlich auf eine ganze Weile in der Zimmerecke – auf den Kopf stellte.

Solchen glücklichsten Seelenzustand in der Gewissheit der Erreichung des Zieles und wenn er selbst darüber zu Grabe ginge, beobachteten die Freunde gerade in dieser Zeit der Meistersinger-Komposition mit Freuden an ihm. Er lebte in stillster Zurückgezogenheit auf einer lieblichen kleinen Besitzung in Triebschen bei Luzern, wo ihm Frau von Bülow mit ihren Kindern zugleich ein häusliches Behagen bereitete: seine eigene Gattin war kurz zuvor unerwartet gestorben. Sie hatte die letzten Jahre von dem „feurigen Rade", dessen rasenden Schwung sie nicht mehr zu fassen noch zu ertragen vermochte, getrennt gelebt, aber auf keine Weise in der äußeren Mittellosigkeit, die der schändlich verleumderische Sinn der Presse in München und anderswo ihm angedichtet, sondern in völlig entsprechenden Verhältnissen, wie sie ihr Gatte ihr herbeigeführt hatte und erhielt.

71

Im Oktober 1867 waren dann – nach 22 Jahren! – die „Meistersinger" vollendet. Jetzt galt es der möglichst mustergiltigen Aufführung derselben. Sie hatte natürlich in München stattzufinden, wo der
„Tristan" wenigstens dem Orchester bereits eine sichere Styltradition
geschaffen hatte. Es sollte ein Ereignis werden, das ihm selbst so recht
das Herz der Nation gewann. Denn wenn unsere gesamte Bildung des
letzten Menschenalters durch ihren flachen Optimismus und faden
Humanismus eine Empfindung für das Tragische, wie es zuerst wieder
Wagner so tief erfasst hatte, nicht allgemein werden lassen konnte, –
eines blieb uns doch stets ungeraubt, ja unberührt, jenes deutsche
Gemüt, aus dessen Tiefen der Humor quillt. Eines hatte einst bei einer
zufälligen Begegnung in Kuxhafen in einem Wettkampfe des Seelen-
ausdrucks mit der bloßen Antlitzgebärde auch der große Kean dem
größeren Devrient nicht darbieten können und diesem daher den
Sieg über ihn verschafft: den tränenlächelnden Seelenausdruck, der
aus dem wahren Mitleiden mit dem Leid des Daseins stammt, und
mit diesem „deutschen Gemüte" siegte Wagner dieses Mal über die
Nationen. Es war Beethoven, der uns diesen tiefsten Segensquell des
Lebens, den zuerst Shakespeare völlig aufgetan hatte, wieder lebendig
fließen machte. Wagners Seele hat sich daran stets warm und flüssig
erhalten. Wer, der sie miterlebte, denkt nicht mit wonniger Rührung
jener Münchener Maitage von 1868?

Seine Schrift „Deutsche Kunst und deutsche Politik" hatte wenigstens die engeren Kreise der Freunde Wagners aufs neue auf die große
Frage aufmerksam gemacht, wie die hohle Zivilisation, die uns im
letzten Menschenalter Frankreich gebracht, durch eine wahre Geisteskultur zu bannen sei und dass dabei die höchste Gestaltung der Kunst
als Bühnenfestspiel eine erste und durchdringende Rolle habe. Eine
musterhafte Lohengrin-Aufführung zu Ehren des Kronprinzen von
Preußen konnte in diesem Frühjahre 1868 namentlich die Münchener Kreise kräftig zu einem solchen Bewusstsein bringen. Dies mochte
denn auch auf die Stimmung der ausführenden Kräfte wirken, denen
doch die letzte Verwirklichung der Sache allein in die Hand gegeben
ist. „Wagner legte noch nach Jahren das Bekenntnis ab, nie mit einem
Opernpersonale zu innigerer Befriedigung verkehrt zu haben als bei
Gelegenheit der ersten Aufführung der Meistersinger. Aber auch die

Darsteller erzählen von der oft hinreißenden Anmut, dem frischen belebenden Humor, mit welchem der Meister, in seiner Rastlosigkeit Allen ein Beispiel, sich unter ihnen bewegte und seine unablässigen Weisungen jedem Einzelnen zuteil werden ließ", diese Bemerkung seines Biographen sagt alles.

Die Proben waren diesmal noch mehr als beim „Tristan" allen Anteilnehmenden eine künstlerische Labe. Denn das Kunstwerk wurde wegen seines näherliegenden Stoffes und natürlichen Lebenstones rascher erfasst. Bülow stand am Dirigentenpult, – „ein feiner Kopf, scharf geschnitten, mit kühn gewölbter Stirn und großen Augen", – *Wagner*, ebenfalls eine höchst bewegliche Gestalt von mäßiger Größe, ihm gegenüber auf der Bühne. „Alle seine Züge tragen das Gepräge dieses ungebändigten Willens, der der Urgrund seines Wesens ist", zeichnet ihn ein Franzose, „sie bricht überall hervor, in der breiten und vorspringenden Stirn, in der übertriebenen Krümmung des kräftigen Kinns, in den dünnen und gepressten Lippen bis zu den starken Augenknochen, in denen die langen Erregungen eines gemarterten Lebens zu lesen sind; es ist der Kämpfer, den wir aus seinem Leben kennen, der Denker, der mit dem Vergangenen nie zufrieden stets der Zukunft zugewandt bleibt." Mit beständiger Aufmerksamkeit begleitete er jeden Ton durch eine entsprechende Gebärde für den Darsteller. Nur wenn die *Mallinger*, des Goldschmieds Töchterlein Eva, sang, pausierte er und horchte kopfnickend und mit dem Gesichte lächelnd zu. Er war sichtbarlich wie Prometheus unter seinen Bildgestalten: er belebte sie durch seinen Geistesodem zu wirklichen Wesen. Beckmesser, der „Merker", erlernte auch nur an seinem drastischen Vormachen den wütenden Zorn über des „Schusters" Verhöhnung seiner schönen Singerei. Solche Darstellungskunst war jedermann neu. Der Wiener Hofkapellmeister Esser gestand, erst jetzt zu wissen, was dramatische gegen Kapellmeister-Musik sei, und der ausgezeichnete Klarinettist Bärmann, der noch Weber persönlich gekannt, sog eine neue Welt in sich ein, von der er meinte, wer sie nicht zu würdigen wisse, sei ihrer nicht wert, und den Unverstehenden geschähe ganz recht, dass sie dieses Genusses zu entraten hätten.

Zu Ende der Proben erklärte Wagner allen Mitwirkenden seine große Freude. Nur die Künstler vermöchten die Kunst wieder zu heben und im Gegensatz zu der bisher gehegten fremden Kunst uns eine eigene zu schaffen. Die Aufführung selbst solle zeigen, zu welcher Höhe und Würde die Dramatik sich zu erheben vermöge, wenn man mit vollem Ernste sich ihrem Dienste weihe und in wahrhafter Treue sie auszuüben strebe. Ein rührendes Zeichen der begeisterten Dankbarkeit, dass er sie zu so hohen Dingen geführt, war es dann, dass alles sich um ihn drängte und wie es konnte, seine Hand drückte oder Arme und Schultern küsste, – das erste Mal, dass Dichter und Künstler wieder alle miteinander eins waren, und ein hoffnungsvoller Augenblick für unsere Kunst! Noch die halbe Nacht hindurch tönte die Begeisterung durch die blütenduftige Sommernacht.

Solchen Hoffnungen entsprach dann in alles beseligendem Eindrücke die Aufführung selbst. Die Harmonie von Handlung, Wort, Musik und Szenerie war in diesem Grade noch niemals zur bewussten Empfindung gekommen. Alles jubelte hell auf, der so innig anheimelnde Sonntagnachmittags-Gottesdienst, die emsigen Lehrbuben, die würdigen Meister, der „Jung-Siegfried" Walther von Stolzing, die sinnig edle Bürgergestalt Hans Sachs und dann – „lieb' Evchen", das war nun „zum Entzücken gar". Wagner, zur Seite des Königs in der „Kaiserloge", ließ sie beifalltobend sich freuen, die ihm so manches Arge angetan, und freute nur sich selbst dieses sonnigsten Lichtblickes, der gewiss am schönsten in dem Auge seines erhabenen Freundes widerspielte. Endlich aber, als das Verlangen zu tumultuarisch wurde, trieb ihn Dieser selbst wohl an sich zu zeigen, und von der königlichen Loge aus geschah die Verbeugung, der die Rührung und Ergriffenheit jedes Wort nahm. Jeder sah hier zum Heile der Nation und Zeit Schillers hohe Erschauung und Mahnung:

> „Drum soll der Sänger mit dem König gehen,
> Sie beide wohnen auf der Menschheit Höhen!"

zum ersten Male im großen Sinne erfüllt.

Der Freund der Sache findet die getreue Darstellung aller dieser stets denkwürdigen Vorgänge in dem „Musikalischen Skizzenbuche. Zur Kenntnis der Opernzustände der Gegenwart" von 1869, von dem der Meister an den Verfasser schrieb: „Sie glauben wohl selbst, wie sehr mich Vieles, ja das Meiste Ihrer Aufzeichnungen ergreifen und rühren musste, und ich sage Ihnen daher kein Wort über Ihre Arbeit selbst, als eben nur den Ausdruck meiner großen und warmen Freude über dieses Alles!"

Die Kritik der Nationen bot ein buntes Bild, von dem eine erheiternde Skizze ebenfalls dort gegeben ist. Wie mancher Beckmesser kam nicht dabei ans Licht! Den gedrängtesten und würdigsten Ausdruck gaben aber dem siegreich durchdringenden Gefühle des endgiltigen Sieges der Sache die Verse Ernst Dohms, mit denen wir diesen erhebenden Abschnitt, den Morgengruß hoher Taten, schließen:

> *„Nicht vertan und nicht versungen!*
> *Nein in ernst' und heitrer Weise,*
> *Mächtig packend alle Geister,*
> *Ächter deutscher Kunst zum Preise*
> *Und zur Ehre unserm Meister*
> *Ist der Meistersang erklungen.*
>
> *Tapfre Siegesfahnenschwinger,*
> *Zieh'n wir von der Isar Strand*
> *Bald, die deutschen Meistersinger,*
> *Durch das ein'ge deutsche Land!"*

75

6. „Bayreuth"

(1869–1876)

„Im Anfang war die Tat!"

„Der ich nun als Künstler und Mensch einer neuen Welt entgegenschreite!" so hatte Wagner schon im Jahre 1851 geschrieben.

Der Wiener Thersites mit den grob verwirrten Sinnen aber, den eine wahrhafte Verhöhnung ihrer selbst den „berühmtesten Musikkritiker seiner Zeit" genannt hat, wagte noch im Frühling 1872 in dem Hauptblatte Österreichs Folgendes zu schreiben. „Wagner hat Glück in allen Dingen! Zuerst wütet er gegen alle Monarchen: ein großmütiger König kommt ihm mit schwärmerischer Liebe entgegen. Dann schreibt er ein Pasquill gegen die Juden: das Judentum in der Musik huldigt ihm umso eifriger durch Ankauf von Bayreuther Promessen. Er beweist, dass alle unsere Hofkapellmeister reine Handwerker sind, und siehe da, unsere Dirigenten gründen Wagner-Vereine und werben Truppen für die Schlachten von Bayreuth. Opernsänger und Theaterdirektoren, deren Leistungen Wagner auf das grausamste hinrichtet, sie folgen, wo er nur hinkommt, seinen Spuren und sind von seinem Gruß beglückt. Er brandmarkt unsere Konservatorien als die verwahrlosesten Institute: die Schüler des Wiener Konservatoriums bilden Spalier vor Richard Wagner und sammeln in der Schule für eine Ehrengabe an den Meister."

Ja wenn nur solches „Glück" nicht das Gelingen aus dem „Geluge", dem scharfen Ausschauen nach dem Rechten und Tüchtigen wäre!

Diese sittliche Würde, die nach nichts fragt als der Wahrheit, führte Wagner von jetzt an mehr und mehr auch würdige Freunde zu, unter ihnen eben durch die „Meistersinger" in München jenen schlichten Bürger, der in Mannheim den ersten der „Wagner-Vereine" gründen

sollte, die uns die Hochburg der Kunst und des Ideales, „Bayreuth"
verwirklicht haben.

Mit jenem Werke hatte Wagner den letzten hoffnungsreichen Versuch gemacht, sich der bestehenden Bühne als solcher heilkräftig zu
nähern. Die Erfahrungen, die er mit demselben zu bestehen hatte,
deckten ihm die gänzlich unkünstlerischen und undeutschen Eigenschaften dieses Theaters, die nach außen und innen, sittlich wie geistig
gleich verderblich wirkten, zur sichersten Klarheit auf. Aber während
er sich völlig von ihr abwendend jetzt nur daran dachte, seinen „vier-
teiligen Riesenbau in gemessener Eile zu Ende zu türmen", und damit
einer Bühne zustrebte, die von allen äußeren Interessen unabhängig
nur dem Ideale der Nation und des menschlichen Geistes dienen soll,
drängte es ihn zunächst, noch einmal mit fester Hand den Schleier von
den wirklichen Sitten- und Kunstzuständen der Nation zu ziehen: er
schrieb „Das Judentum in der Musik".

Selten hat eine einfache Schrift so tief und so weit alle Lebens-
kreise in aufflammende Erregung gesetzt wie diese: es war wie das
erwachende Gewissen der Nation, nur dass zunächst die Dumpfheit
der Geister den neuen, tief versöhnenden Geist nicht begriff, der hier
zugleich heilend und rettend sich auftat! Es war eine nationale Tat,
diesen unsittlichen Händlersinn deutlich aufzudecken, der auch die
höchsten Angelegenheiten unseres Daseins ins Geschäftliche herab-
zuziehen weiß. Zugleich dämmerte Manchem die Ahnung davon auf,
wie tief und groß, wie überwältigend doch dieser deutsche Geist sein
müsse, dass er solche Fremden nicht bloß in sein Joch zwinge, sondern ihnen wie bei *Heine* und *Mendelssohn* manchmal wahrhaft ergrei-
fende Laute des Sehnens nach Anteilnahme an seinem hehren Wesen
erzeugte. Wagners Gefühl bei diesem wüstesten Geschrei, das die
Gegenwart je gehört, konnte nur dasjenige Goethes sein: dass diese
törichten Kläffer allesammt nicht ahnen, in welcher unzugänglichen
Burg Derjenige wohnt, dem es nur immer Ernst um sich und die Sache
ist. Dazu das Bewusstsein, seinen „Ring des Nibelungen" in der Tat
fern von allen diesen Fratzen und Fetzen der herrschenden Tages-
kunst aufführen zu dürfen! Denn dessen hatte ihn sein hoher Freund
jetzt bestimmt versichert, und ihm selbst ward dies zur unabweis-
lichen Forderung, nachdem in den Jahren 1869 und 1870 München

ohne und gegen seinen Willen „Rheingold" und „Walküre" aufgeführt und dabei aufs neue sich dargetan hatte, wie wenig die hergebrachte Opernroutine sein Ziel verstand.

Derweilen brach nun der Sturm von 1870 los. Schon das Jahr 1866 hatte den morschen deutschen Bund gesprengt. Jetzt belebten sich auch die kühnsten Hoffnungen in der Brust der Deutschen: der Lohengrin, das Volk in Waffen stand ja da und warf überall siegreich das Unrecht und die Gewalt über den Haufen.

> *„Vergraben dürft' ich manchen Schmerz,*
> *Der lange mir zernagt das Herz!"*

ruft Wagner zum Geburtstage 1870 seinem Könige zu, und in hellsichtiger Kühne ertönt es in ihm selbst: „Es strahlt der Menschheit Morgen!" Das Werk aber, welches diese erste volle Siegfriedstat der Deutschen seit den Zeiten der Reformation verherrlichen und so sehr kräftig wirksam machen sollte, dass der Nation die sittliche Energie dauernd wiederkehre, es war mit dem Abschluss der „Götterdämmerung" im Juni desselben Jahres 1870 fertig geworden.

Jetzt hieß es sich aufs neue stählen, dauernd stählen. Zum ersten Mal im Leben gewann er denn auch völlig die reinmenschliche Existenz, die uns dem Leben erhält: er heiratete die geschiedene Frau Cosima von Bülow, die Tochter Liszts. „Dem so ganz von seinem Dämon Beherrschten hätte von jeher ein hochgesinntes, ein verständnisvolles Weib zur Seite stehen müssen, ein Weib, das es verstanden hätte, dass diese beiden sich ewig feindlich zu einander verhalten", so urteilte eine langjährige Freundin über Wagners erste Frau. Jetzt hatte er dieses „Weib" gefunden und in einer Weise, die nach allen Seiten hin zum Segen gereichte und die auch der so unvergleichlich selbstlos hingebungsvolle erste Gatte selbst später als die einzige richtige Lösung der Sache bezeichnet hat. *Siegfried* aber heißt der einzige Spross dieses Bundes. Seinem glücklich heiteren Kindesdasein in der herrlichen Natur Luzerns ist das „Siegfried-Idyll" vom Jahre 1871 gewidmet.

Zum andern sagte er in diesem Siegfriedsjahre, das die Säkularzeit ihres mannhaftesten Sohnes war, seiner Nation, was dieselbe an diesem *Beethoven* besitze. Er stellt, so heißt es in jener Jubiläumsschrift, den Geist dar, den man über den Bergen wie jenseits des Rheines so gewaltig fürchtet, er hat uns die Unschuld der Seele wiedergewonnen, und was fehlt, dass aus diesem reinen Geisteswesen, wie es aus seiner Kunst ertönt, im Gegensätze zu der fremden Zivilisation, die der Zeit der römischen Imperatoren gleicht, eine wahre Kultur wiedererstehe? Eine welterlösende Verkündigung dringt aufs neue aus diesen Tönen, sollen wir sie uns nicht ganz und für immer zueignen? Der „Gedanke von *Bayreuth*" gewann jetzt stets festere Form. Eine Anzahl von Freunden der Sache sollte ihn verwirklichen und die deutsche Kunst dem Venusberg der üblichen Theater entwinden.

Jetzt beginnt die Bewegung dieser Wagner-Vereine, die mit Hilfe des Bayreuther Verwaltungsrates unter Leitung des so verdienstvoll unermüdlichen Bankiers *Feustel* zum Ziele geführt hat. Liszts Schüler *Tausig* und seine Freundin Frau *von Schleinitz* in Berlin regen sich zuerst für einen Verein von „*Patronen*", die durch Zahlung von je hundert Talern deren 300,000 zusammenbringen sollen. Wagner selbst leitet die Sache zunächst durch Herausgabe seiner Schriften ein, die zeige, wie er auch in seiner Kunst das Leben suchte, von dem die Nation in ihrem idealen Wesen existiert. Sein großsinniger König hatte im November 1870 zu den übrigen deutschen Fürsten das erlösende Wort gesprochen, das uns endlich wieder ein würdiges und geachtetes Eigendasein nach außen schenkte, das *deutsche Reich*. Durfte da die deutsche Kunst zurückbleiben? Alles in unserem Künstler war jetzt Aktion, wonnevoll erregte und erregende Aktion. Dem „deutschen Heere vor Paris" sang er, der nie etwas anderes gedichtet und getrachtet, im Januar 1871 das Lied vom „Siege-Fried, von deutschen Heeres Tat gedichtet":

„Der Kaiser naht: in Frieden sei gerichtet!"

Damals entstand auch auf Anregung **Dr.** Abrahams, Besitzers der „Edition Peters" in Leipzig, der *Kaisermarsch*, dessen Schluss folgenden „Volksgesang" hat:

„Heil, Heil dem Kaiser! König Wilhelm!
Aller Deutschen Hort und Freiheitswehr!

Höchste der Kronen, wie ziert Dein Haupt sie hehr!
Ruhmreich gewonnen, soll Frieden dir lohnen!
Der neuergrünten Eiche gleich
Erstand durch Dich das deutsche Reich:
Heil seinen Ahnen, seinen Fahnen,
Die Dich führten, die wir trugen,
Als mit Dir wir Frankreich schlugen!
Feind zum Trutz, Freund zum Schutz,
Allem Volk das deutsche Reich zu Heil und Nutz!"

Kurz darauf spricht er denn auch deutlicher den Sinn der Bühnenfestspiele aus, welche die Darstellung in einem höheren deutschen Origi-
nalstile sein sollen, und begleitet, er, der einsame Wanderer, der bisher
nur von den Fröschen unserer Theaterrezensions-Sümpfe angequakt
worden sei, diese Schrift mit einer Abhandlung über die „Bestimmung
der Oper", mit der er sich zugleich als auswärtiges Mitglied der Berliner Akademie einführte. Sodann aber begibt er sich jetzt, im Frühling
1871, selbst nach Bayreuth.

Die alte Markgrafenresidenz besaß nämlich eines der größten
Theater. Dieses nach altem Hofspielbedürfnis eingerichtete Haus
entsprach nun zwar seinen Absichten nicht. Allein die einfachen und
treuherzig deutsch gesinnten Bewohner hatten ihm zugesagt. Zudem
lag das freundlich stille Städtchen im „Königreich der Gnade" und was
ebenfalls wichtig erschien geographisch im Mittelpunkte Deutschlands. Ein kurzer Aufenthalt in der neuen Reichshauptstadt half dann
sein Ziel ihm selbst und seinen „Freunden" kräftig zum Bewusstsein
und Wollen zugleich zu bringen. Der deutsche Geist verhalte sich
zur Musik wie zur Religion, er verlange Wahrheit, nicht bloß schöne
Form, sagte er dort in einer Festversammlung ihm zu Ehren. Wie die
Reformation die Religion der Deutschen tiefer und fester begründet
habe, indem sie das Christentum von römischen Banden befreite,
müsse auch der Musik das ihr eigene Deutsche erhalten bleiben, das
Tiefe und Erhabene. In denselben Tagen ward mit dem Bauinspektor
Neumann der Bau des Theaters nach Sempers Entwürfen beraten.

Ein schwerer Verlust dünkte Allen der jähe Tod Tausigs, dem Wagner selbst ein begeisterndes erhebendes Denkmal in Versen setzte.

Aber umso emsiger traten jetzt die übrigen Freunde hervor, vorab Mannheim mit seinem Musikalienhändler *Emil Heckel*, der bei ihm selbst angefragt hatte, was auch die Unbemittelten für die große Sache tun könnten, und dann flugs ans Organisieren ging: der „*Richard Wagner-Verein*" war der Erfolg davon und die Reihe der deutschen Städte, *Wien* voran, ahmte ihn bald nach. Jetzt konnte man in Bayreuth auch näher anfragen und dasselbe zeigte sich wegen des Bauplatzes bereitwillig genug. Andere Städte, die sich daraus um der äußeren Vorteile willen meldeten, durften da ohne Berücksichtigung bleiben. Wagner erließ dann zur völligen Sicherstellung der Anschauung über das zu erstrebende Ziel den „Bericht an den deutschen Wagner-Verein", der uns so tief in die Seelenprozesse einweiht, welche mit der Vollendung seines Bühnenfestspieles verbunden waren. „Ich habe jetzt zu meinem unsäglichen Wohlgefühle die gedeihlichen Elemente nur unter dieselbe Fahne zu versammeln, welche über das so hoffnungsvolle wiedererstandene deutsche Reich dahinweht, um aus den edelsten Bestandteilen einer wahrhaft deutschen Kultur sofort aufzubauen, ja den lange unerkannt vorbereiteten Bau nur zu enthüllen, indem ich von ihm die falsche Gewandung abziehe, die bald wie ein zerlöcherter Schleier in den Lüften zerstieben wird", so schließt er hoffnungsfreudig. Und jetzt ward in Bayreuth das Nötige abgeschlossen: die Stadt schenkte den Bauplatz. Die Feier der Grundsteinlegung zu dem zunächst nur provisorischen Baue sollte am 22. Mai 1872 mit Beethovens Neunter Symphonie erfolgen. Er selbst siedelte dann dauernd nach Bayreuth über. Der König hatte, als er durch Augsburg reiste, eigens seinen Sekretär hingesandt und ihn versichern lassen, wie es auch ausgehe, Er werde für jeden Kostenausfall einstehen.

Ein Paragraph der Mannheimer Statuten hatte Konzerte unter eigener Leitung des Meisters in Aussicht genommen. Dies führte nun zunächst zu einer Reihe von Reisen, auf denen er sowohl seine „Freunde", wie vor allem auch die künstlerischen „Kräfte" Deutschlands kennen lernen konnte. Zuerst kam mit Fug *Mannheim* an die Reihe, „wo Männer heimisch sind". Sie hätten in ihm den Glauben an die Verwirklichung seiner Pläne befestigt und ihm bewiesen, wo für den Künstler der wahre Boden sei, im Herzen der Nation! so fasste er selbst den Sinn der Feier dort zusammen. Auch *Wien* bekam klassische wie seine eigene Musik unter seinem Zauberstabe zu hören. Bei Wotans Abschied und Bannung des Feuergottes Loge aus der „Walküre" entlud sich draußen ein mächtiges Gewitter. „Wenn die Griechen ein großes Werk vorhatten, so riefen sie Zeus an, dass er ihnen zum Zeichen einen Blitz sende. Mögen wir Alle, die wir im Verein der deutschen Kunst einen Herd gründen wollen, uns auch diese Blitze günstig deuten für unser Werk, als ein segnendes Zeichen von oben!" sagte er unter unbeschreiblichem Eindrucks und berührte dann die Bayreuther Feier mit der Neunten Symphonie, in der der deutsche Geist so tief, so ahnungsreich erscheine. Welche Welt an Gedanken, welche Keime zukünftiger Gebilde berge sie in sich! Er selbst stehe auf diesem großen Werke und strebe von hier aus weiter. Damals eben ließ der Unglücksrabe Professor Hanslick sein töriges Wort von Wagners „Glück" ergehen. Aber der Sieg war diesmal auf der Seite der Energie des Rechten.

Derweilen ward in Bayreuth zur Feier alles vorgerichtet. Der Riedelsche und der Reblingsche Gesangverein bildeten den Stock des Chores, das Orchester bestand aus Musikern von allen Enden Deutschlands, *Wilhelmy* an der Spitze. Da war der Meister zum ersten Mal ganz unter „seinen Künstlern". „Wir geben kein Konzert, wir machen Musik für uns und wollen der Welt nur zeigen, wie man Beethoven aufführt, – wer uns kritisiert, den soll der Teufel holen", redete er sie mit humorvollem Ernste an. Die Grundsteinlegung auf dem schönen Hügel vor der Stadt, wo der Bau heute prangt, geschah am 22. Mai 1872 unter den Klängen des „Huldigungsmarsches", den er 1864 seinem Könige gedichtet. „Sei gesegnet, mein Stein, stehe lang und halte fest!" damit tat Wagner selbst die ersten drei Hammerschläge. Der König hatte ein Telegramm gesendet: „Aus tiefstem Grunde der Seele spreche ich Ihnen, mein teuerster Freund, zu dem für ganz Deutschland so bedeutungsvollen Tage meinen wärmsten und aufrichtigsten Glückwunsch aus. Heil und Segen zu dem großen Unternehmen! Ich bin heute mehr denn je im Geiste mit Ihnen vereint." Wagner selbst hatte den Vers geschrieben:

> „Hier schließ' ich ein Geheimnis ein.
> Da ruh' es viele hundert Jahr':

So lange es verwahrt der Stein,
Macht es der Welt sich offenbar."

Beide Schriftstücke ruhen nebst Mannheimer und Bayreuther Dokumenten unter dem Steine. Wagner fuhr tief ernst bewegt mit den Freunden zur Stadt zurück: er schaute an diesem seinem 60. Geburtstage zuerst das Ziel seines Lebens mit Augen!

Zu der Feier, die dann im Opernhause stattfand, sprach er seine Freunde und Patrone so an: „Es ist das Wesen des deutschen Geistes, dass er von innen baut: der ewige Gott lebt in ihm wahrhaftig, ehe er sich auch den Tempel seiner Ehre baut. Doch schon jetzt ist der Stein gefügt, um dereinst den stolzen Bau zu tragen, sobald das deutsche Volk es verlangt, zu seiner eigenen Ehre mit Ihnen in seinen Besitz zu treten. Und so sei er geweiht durch Ihre Liebe, Ihre Segenswünsche, durch den tiefen Dank, den ich Ihnen trage, Ihnen allen, die mir wünschten, gönnten, gaben und halfen! Er sei geweiht durch den deutschen Geist, der über die Jahrhunderte hinweg Ihnen seinen jugendlichen Morgengruß zujauchzt." Die Aufführung der Symphonie desjenigen Künstler, dem er selbst die Weihe des Religiösen zuschreibt, drückte denn nach dem Bericht der Augenzeugen auch diesem Feste, wie es einst bei der großen Akademie Beethovens vom November 1814 gewesen war, „den Charakter der religiösen Feier" auf. Bei dem Abendfeste aber gedachte Wagner nochmals selbst der Großsinnigkeit seines Königs, des Landesherren für Bayreuth. Auf ihr beruhe, was sie heute erlebt, sie reiche aber weit über bürgerliche und staatliche Dinge hinaus: sie bürge für die Gewinnung einer hohen geistigen Kultur, für einen Ansatz zum Höchsten, was einer Nation bestimmt sei! – Ob wohl bald eine Zeit kommen wird, die auch diesen König seiner würdig benennt, wie sie ihn als „Ludwig den Deutschen" in einem ungleich tieferen Sinne bereits hoch über seinem großen Urahn stehen sieht? – „Denn uns wird doch wohl keine Scheu vor der stets bleibenden Stimmenmehrheit der Gemeinheit und Plattheit abhalten, zu bekennen, dass die größte, wichtigste und bedeutsamste Erscheinung, welche die Welt aufzeigen kann, nicht der Welteroberer ist, sondern der *Weltüberwinder"*, so lehrt der Philosoph, und wir werden bald erkennen, dass dies auch bei Wagner und seinem königlichen Freunde „der Wahrheit letzter Schluss" gewesen ist!

Der Ruhm dieser Feier, die jeden der Anwesenden aufs tiefste ergriffen hatte, erscholl durch alle Lande, pochte an alle rechten deutschen Herzen an. Allein wie Viele waren da noch ungläubig und stumpf. Die „Nation" als solche antwortete noch nicht dem Ruf, sie verstand ihn nicht oder wollte ihn nicht von einem Manne verstehen, der uns so viel wirkliche Wahrheiten gerade ins Gesicht ausgesprochen hatte: sie lag noch erstarrt in den Banden des Fremden und Unwürdigen, war zudem augenblicklich zu sehr von den Forderungen des „Reiches" umflort, die ja noch etwas Neues waren.

> *„Von Morgen bis Abend in Müh' und Angst,*
> *Nicht wonnig ward sie gewonnen!"*

diese Worte Wotans über seine Burg Walhall sollten sich an unserem Meister nur zu sehr erfüllen. Einzig seine „Freunde" waren sein Trost, und diese sah er immer mehr aus der Mitte des deutschen *Volkes* sich ergänzen, dessen Leiter in künstlerischen Dingen sie denn auch mehr und mehr werden sollten. Konzerte und Vorträge regten das Publikum stets aufs neue an, aufs neue auf. Denn das Alte, es ruhte nicht, der Kampf entbrannte ebenfalls stets aufs neue, und das Alte blieb einstweilen noch im Besitze des Ringes, der die Herrschaft bedeutet, der Drache war noch unbesiegt. So ging es denn, da in Deutschland das „Volk" nicht eben reich ist, mit den Beiträgen der sich vermehrenden Wagner-Vereine nur langsam voran, und doch erforderte selbst dieser provisorische Bau mit einer vollständigen Bühneneinrichtung Millionen! Es bedurfte der ganzen Liebe seiner, vor allem jenes seltensten aller Freunde, um manchmal den tiefen Ingrimm zu bannen, wenn er zusehen musste, wie das Mittelmäßige und sogar das wahrhaft Gemeine immer und immer aufs neue den Sinn seines Volkes gefangen nahm, dem er doch so Hohes und Edles zu bieten hatte. „Am Ende muss ich das Geld der Juden annehmen, um uns Deutschen ein Theater zu bauen!" sagte er im nächsten Frühjahr 1873 zu Liszt, als ihm in der üppigen Gründerperiode einige Wiener Bankiers drei Millionen Mark zum Bau des Hauses angeboten hatten. Tiefer konnte er wohl vor seinem eigenen Volke nicht gedemütigt, aber auch nicht höher zum Bewusstsein seiner Aufgabe erhoben werden. Auch diese Liebe wahrlich, sie stammte „aus Lachen und Weinen, Wonnen und Wunden". Denn obendrein setzte jetzt die mächtige Schaar der Feinde alles und jedes daran, sein Werk lächerlich und damit tot zu machen: ihn selbst stellte gar die Schrift eines Arztes als „durch Größenwahn geistig erkrankt" dar. Ein Höllen-Breughel wäre nicht im Stande, das wütende Fratzenwesen zu malen, das die gebildete Welt, nicht bloß Deutschland, damals aufwühlte. Es war wirklich ein unmenschliches und übermenschliches Ringen zugleich um diesen Ring des Nibelungen!

Dennoch gelang es schon im August desselben Jahres 1873 in Bayreuth die „Hebefeier" vorzunehmen. „Im Vertrauen auf den deutschen Geist entworfen und zum Ruhme seines erhabenen Wohltäters vollendet", steht auf der Partitur des Nibelungenringes, die jetzt zu erscheinen begann, – der Raum für das „Bühnenfestspiel" stand wenigstens unter Dach. Allein damit waren auch die bisher gewonnenen Mittel erschöpft und nur eine „kräftige Hilfeleistung" von Seiten des Königs verhinderte das gänzliche Stocken. Wagner selbst musste bald wieder zum Wanderstabe greifen. Er suchte diesmal, 1874–1875, durch die zuletzt vollendete „Götterdämmerung" den wirksamen Weckruf in der Nation erschallen zu lassen und hatte dabei mancherlei sicherste Hoffnung zu erleben. „Ich danke dem herrlichen Wiener Publikum, das mich heute der Verwirklichung meiner Lebensaufgabe um einen bedeutenden Schritt näher gebracht hat, aus tiefem Herzen", das war das Thema, das er dann zum Glück auch in Pest und Berlin nur zu variieren hatte.

Jetzt beginnen denn die Vorproben, und was 1868 München gesehen hatte, wiederholt sich in diesem Sommer 1875 in Bayreuth zehnfach. Wochenlang der gleiche eherne Fleiß, aber auch die ganz gleiche, nein wachsende Begeisterung! „Von dem Wunderwerke hörte ich kürzlich mehr als zwanzig Proben. Es überragt und beherrscht unsere ganze Kunstepoche wie der Montblanc die übrigen Gebirge", schrieb *Liszt*. Und dem „bedenkenlosen Eifer der künstlerischen Genossen, sowie dem herrlichen Erfolge ihrer Leistungen" verdankte es der Meister gern, dass er nun die Patrone und Wagner-Vereine bestimmt auf den nächsten Sommer einladen konnte. „So möge denn auch durch Ihre liebevolle Mitwirkung eine künstlerische Tat zu Tage treten, wie sie keine der heutigen Autoritäten, wie sie nur die freie Vereinigung wahrhaft Berufener der Welt vorführen konnte!" sagt er dabei. Und:

„Solch ungeheurer Tat enttagte des Helden Ruhm,

singt Hagen von Siegfried.

Die Proben dieses Sommers 1876 steigerten dann die begeisterte Hingabe an das Werk von Seiten der Künstler in einer Weise, dass mancher fühlte, jetzt erst eigentlich ein solcher zu werden, andere aber wie *Niemann* als Siegmund, *Hill* als Alberich und *Schlosser* als Mime in der Tat schon jetzt bewiesen, um welche nie gesehene Heldentat in der darstellenden Kunst es sich hier handle: es wurden der jungfräulichen Braut in der Tat zum Leben die Bande gebrochen. „Die ersten Leiden haben wir überstanden. Wir müssen eine wahre Heldentat noch vollbringen in der kurzen Zeit", sagte Wagner, als sich am ersten Schlusse des Cyklus das Schweigen der Ergriffenheit in einen wahren Sturm der Begeisterung aufgelöst hatte, konnte aber doch zuversichtlich hinzufügen: „Wenn wir es so herausbringen, wie ich jetzt deutlich sehe, dass es geschehen wird, so dürfen wir uns wohl sagen, wir haben etwas Großes geleistet." Der ungeahnte Humor im „Siegfried" entband sich aber auch unter der Leitung des vom Meister selbst stets mehr entflammten Hans *Richter* in einer Weise, dass man in der Tat „das Lachen des Weltalls in einem ungeheuren Ausbruche zu vernehmen glaubte." Das war die Frucht des „tobenden Schluchzens", mit der einst Jung-Siegfried selbst über der Neunten Symphonie gehangen! Das war aber auch eine neue Seelengrundlage für seine Nation, seine Zeit! Wagner selbst nennt eine Begeisterung dieser Art eine Kraft, durch die sich alle menschlichen Angelegenheiten zu sicherem Gedeihen führen ließen, aus ihn könne man Staaten bauen! Die patriotische von 1870 entstammte der gleichen Quelle und sie hat uns das „Reich" gebracht wie die von 1876 die „Kunst".

Der Generalprobe am 7. August wohnte der König bei. Er war auf einer Vorstation bei Jean Pauls Lieblingsaufenthalte, der Rollwenzelei, am Wärterhäuschen ausgestiegen: eine stumme Umarmung unter Tränen sagte den unerschütterlichen großen Freunden Alles. Dann zum 13. August 1876, dem ewig denkwürdigen Tage der Neuschöpfung der deutschen Kunst, kommen die Schaaren der Freunde, der Patrone vom großen Fürsten bis zum kleinen deutschen Musiker. „Bayreuth ist Deutschland", ruft bei diesem Anblick ein Engländer aus, und es fehlte auch nicht des Reiches Haupt, *Kaiser Wilhelm*, vom Festgeber selbst empfangen, von den Tausenden da aus Nah und Fern stürmisch bejubelt. Ein Großfürst Constantin und der Kaiser von Brasilien erschienen ebenfalls.

Von dem Eindrucke sagen wir diesmal, weil uns der Raum fehlt, alles zu sagen, – *nichts*, geben aber, um wenigstens eine Vorstellung von dem Vorgange zu gewähren, der da die Geister festbannte und die Gemüter in einem Zwange hielt, der sich erst mit der letzten Note löste, aber dabei auch eine ganze Welt im eigenen Innern aufdämmern ließ, einen kurzen Aufriss seines die Welt ausdeutenden Wesens, sowie ihn jener geistvolle Freund und Patron, der Professor Nietzsche in Basel, kernvoll kräftig hingezeichnet hat.

„Im Ring des Nibelungen", sagt er, „ist der tragische Held ein Gott (Wotan), dessen Sinn nach Macht dürstet und der, indem er alle Wege geht, sie zu gewinnen, sich durch Verträge bindet, seine Freiheit verliert und in den Fluch, welcher auf der Macht liegt, verflochten wird. Er erfährt seine Unfreiheit gerade darin, dass er kein Mittel mehr hat, sich des goldenen Ringes, des Inbegriffes aller Erdenmacht und zugleich der höchsten Gefahr für ihn selbst, solange derselbe im Besitz seiner Feinde ist, zu bemächtigen: die Furcht vor dem Ende und der Dämmerung aller Götter überkommt ihn und ebenso die Verzweiflung darüber, diesem Ende nur entgegensehen, nicht entgegenwirken zu können. Er bedarf des freien furchtlosen Menschen, welcher ohne seinen Rat und Beistand, ja im Kampf wider die göttliche Ordnung von sich aus die dem Gotte versagte Tat vollbringt: er ersieht ihn nicht, und gerade dann, wenn eine neue Hoffnung noch erwacht, muss er dem Zwange, der ihn bindet, gehorchen, durch seine Hand muss das Liebste vernichtet, das reinste Mitleiden mit seiner Not bestraft werden.

„Da ekelt ihn endlich vor der Macht, welche das Böse und die Unfreiheit im Schoße trägt: sein Wille bricht sich, er selbst verlangt

87

nach dem Ende, das ihm von ferne droht. Und jetzt geschieht erst das früher Ersehnteste: der freie furchtlose Mensch erscheint, er ist im Widerspruche gegen alles Herkommen entstanden; seine Erzeuger büßen es, dass ein Bund wider die Ordnung der Sitte sie verknüpfte: sie gehen zu Grund, aber *Siegfried* lebt.

„Im Anblick seines herrlichen Werdens und Aufblühens weicht der Ekel aus der Seele Wotans. Er geht dem Geschicke des Helden mit dem Auge der väterlichsten Liebe und Angst nach. Wie Dieser das Schwert sich schmiedet, den Drachen tötet, den Ring gewinnt, dem listigsten Truge entgeht, Brünnhilde erweckt, – wie der Fluch, der auf dem Ring ruht, auch ihn, den Unschuldigen, nicht verschont, ihm nah und näher kommt, wie er, treu in Untreue, das Liebste aus Liebe verwundend, von den Schatten und Nebeln der Schuld umhüllt wird, aber zuletzt lauter wie die Sonne heraustaucht und untergeht, den ganzen Himmel mit seinem Feuerglanze entzündend und die Welt vom Fluche reinigend, – dies alles schaut der Gott, dem der waltende Speer im Kampfe mit dem Freiesten gebrochen ist und der seine Macht an ihn verloren hat, voller Wonne am eigenen Unterliegen, voll Mit-Freude und Mit-Leiden mit seinem Überwinder. Sein Auge liegt mit dem Leuchten einer schmerzlichen Seligkeit aus den letzten Vorgängen: *er ist frei geworden in Liebe, frei von sich selbst!*"

Dies der tiefsinnige Inhalt eines Werkes, das uns der Welt tragisches Wesen aufdeckt! –

Am Schlusse des Cyklus erhob sich in der begeisterten Versammlung das Verlangen, den edlen Künstler, dessen Blick so lange Jahre „mit dem Leuchten einer schmerzlichen Seligkeit" auf dem Geiste seiner großen Nation geruht hatte, in diesem allbedeutsamen Augenblicke auch selbst zu sehen, zu einem so andauernd stürmischen Rufen, dass er nicht ausweichen konnte zu erscheinen. Es lag ein Ausdruck auf seinen Zügen, der ein ganzes Leben noch einmal zu leben, eine ganze Welt neu zu umfassen schien, als er vortrat und die bedeutungsvoll einfachen Worte sagte: „Ihrer Gunst und der grenzenlosen Bemühung der Mitwirkenden, meiner Künstler verdanken Sie diese Tat. Was ich Ihnen noch zu sagen hätte, ließe sich in ein paar Worte, in ein Axiom zusammenfassen. Sie haben jetzt gesehen, was wir können, *wollen jetzt Sie! – Und wenn Sie wollen, so haben wir eine deutsche Kunst!*"

Ja wohl haben wir jetzt eins solche, ein „ *Bayreuth!*"

> *„Vollendet das ewige Werk:*
> *Auf Bergesgipfel die Götterburg,*
> *Prachtvoll prahlt der prangende Bau!*
> *Wie im Traum ich ihn trug,*
> *Wie mein Wille ihn wies,*
> *Stark und schön steht er zur Schau:*
> *Hehrer, herrlicher Bau!"*

Wir haben eine deutsche *Kunst!* Haben wir aber bereits auch einen deutschen Geist, ein wahres deutsches Gesamtdasein? Ekelt uns vor der bloßen *Macht*, die wir bisher gefeiert haben und die doch „das Böse und die Unfreiheit im Schoße trägt?" Ist uns der „freie furchtlose Mensch", der aus sich das Rechte schafft, der *Siegfried* geboren, der sich das Schwert schmiedet, den Wurm, der am Herzen unseres Daseins nagt, mannlich erschlägt und die Braut, die schlummernde, gewinnt? Diese Frage ist mit dem „Ringe des Nibelungen" in unser Leben, unsere Geschichte geworfen. Sie wird so lange ertönen, bis sie gelöst ist. Schrieb nach Wagners groß auffassendem Worte Beethoven die „Weltgeschichte der Musik", – nun, er selbst schrieb *Weltgeschichte in Kunsttaten!* Das ist der Sinn dieses „Bayreuth" mit seinem Nibelungenringe von 1867.

Sehen wir jetzt zu, was das Leben und Schaffen dieses den Siebzigern zuschreitenden Künstlers uns ferner und zuletzt bedeutet. Auch ihn leitete Goethes inniges Gebet:

> *„Gib, das Tagwerk meiner Hände,*
> *Hoher Geist, dass ich's vollende!"*

7. Der „Parsifal"

(1877–1882)

„Nun dämm're auf, du Göttertag!"

Wagner.

„Wenn Sie jetzt *wollen*, so haben wir eine deutsche Kunst!" – Wir hatten wohl eine deutsche Musik, eine deutsche Literatur, eine deutsche Malerei, alles glänzende Erscheinungen, aber alles nicht jene *einige deutsche Kunst*, die Wagner in seinem „Gesamtkunstwerke" vorschwebte und die der Nibelungenring zuerst auch in der entsprechenden Darstellung vertrat! Diese galt es nun auch für die Dauer zu begründen und dazu die Mittel zu beschaffen.

Am 1. Januar 1877 erging daher die Aufforderung zur Bildung eines „Patronatvereins zur Pflege und Erhaltung der Bühnenfestspiele von Bayreuth". Zugleich wurden zur stets eindringlicheren Verständigung über Zweck und Ziel der Sache die „Bayreuther Blätter" begründet, die später auch dem großen Publikum zugänglich gemacht wurden. Eine Forderung vom deutschen Reichstage, trotzdem König Ludwig dieselbe beim Bundesrate hatte unterstützen wollen, war von Wagner abgelehnt worden. „Es gibt keine Deutschen; wenigstens sind sie keine Nation mehr; wer dies dennoch meint und sich auf ihren Nationalstolz verlässt, wird zum Narren", sagte er bitter genug zu einem Freunde: in Betreff des Idealen hatte er dem Reichstage wie dem Volke gegenüber nur Recht. „Wer solche Bahnen zu brechen vermag; ist ein Genie, ein Prophet und in *Deutschland* ein Märtyrer dazu!" rief sogar einer derjenigen aus, die ehemals dieses Bayreuth als eine „Gründung" geschmäht hatten. Wagner selbst musste sich zur Annahme einer Konzerteinladung nach London bequemen, um nur erst die Kosten jenes

„Bayreuth" gedeckt zu sehen. An der echt vornehmen Aufnahme, die der Künstler wie seine Knust jetzt dort fanden, an der Verbreitung seiner früheren Werke über ganz Europa konnte er erkennen, dass die Fremde den Deutschen verstanden hatte. Die Deutschen als Nation ihm gegenüber so gut wie noch nicht vorhanden zu sehen, musste ihm daher recht bitter sein. In der Menge der Gebildeten fehlte noch durchaus der *Glaube*, sie buhlten mit fremden Göttern. Oder hätte es sonst sieben, voller sieben Jahre bedurft, ehe die geringe Summe beieinander war, um nur an die Wiederaufnahme der Sache zu denken, und dann noch des Zuschusses Seiner Majestät des Königs von 300,000 Mark, um sie wirklich auszuführen? Wie langsam ging es nicht mit dem Patronatverein vorwärts! Leute, die in den „Gründerjahren" rasch reich geworden waren, dachten bei den jetzt jäh abfallenden Zeiten an etwas Anderes als solchem Unternehmen beizutreten, sie mussten „sparen". Und doch waren es nur 15 Mark jährlich! Gar sonderbar aber lautete die Antwort der an Stand oder Bildung Privilegierten: man wisse ja noch gar nicht, ob die Sache realen Boden habe und könne sich am Ende gar blamieren! Ja als die bösen „Wagnerianer" es sogar wagten, die wacklige Mendelssohn-Schumannsche instrumentale Handwerksmache anzutasten, bestimmte dies flugs Deutsche wie Nichtdeutsche, den mühsam über sich gewonnenen Beitritt wiederaufzugeben. Geheimräte und Schulmänner antworteten gar nicht einmal auf die Einladung der Vertretungen des Vereines, wie sie nun doch in einer großen Reihe von Städten von wirklich deutsch denkenden Einzelnen allmählich erstanden.

Und doch wusste man, dass Wagner wieder ein neues Werk im Busen wälze, und konnte bald allüberall vom Rhein bis an die Donau, vom Fels zum Meer die Nibelungen hören! Denn Wagner hatte sich in Rücksicht darauf, dass mit solchem persönlichen Schauen der „ungeheuren Tat" selber für die noch größere einer dauernden Begründung einer eigenen deutschen Kunst Herz und Hand aufgehen werde, gegen seine innerste Überzeugung herbeigelassen, das Werk den offiziellen Bühnen ebenfalls zu überlassen. Zuerst kam Wien. Aber so vorzüglich das Einzelne war, *Scaria* als Wotan, das Orchester unter H. *Richter*, die Bayreuther *Materna* als Brünnhilde, es fehlte das Ganze, das Ganze! Der Eindruck des Ungemeinen, das Große und Feierliche, das in Bayreuth das Gemüt zu dem Ewigen der Menschheit erhoben, es fehlte. Es war oft, als wenn der Tag in einen Theaterraum fällt: die erhabene Illusion einer solchen tragischen Darstellung, sie mangelte, und Wagner wusste, dass sie bei dieser Kunst das Brod des Lebens ist. Auch das Kunstwerk sei wie alles Vergängliche nur ein Gleichnis, aber ein Gleichnis des bleibenden Ewigen, hatte sein Wort beim Abschied von seinen Freunden und Patronen in Bayreuth gelautet, und ihm galt es jetzt, dieses „bleibende Ewige" tief in das Bewusstsein seiner Zeitgenossen eindringen und so dauernd wirksam werden zu lassen: der heilige Gral hatte sein letztes Wunder erst zu spenden!

So sieht er denn aufs neue von der „auswärtigen Politik", wie er den Verkehr mit den Theatern nannte, ab und sammelt sich zu neuer Tat: es war der „ Parsifal". Mit ihm, der am 26. Juli 1882 zum ersten Male und dann noch dreizehnmal zur Aufführung gelangte, glaubte er sein lebenslanges Schaffen beschließen zu sollen und hat dasselbe in der Tat sicher gekrönt. Ja es scheint, als wenn dadurch nun auch endlich für immer der starre Bann gebrochen wäre, der ihn und seine Kunst so lange, lange von seinem Volke schied: der Erfolg des Nibelungenringes war bestritten, der des „Parsifal" ist unbestritten, dies sagt sein wochenlanger Besuch aus der ganzen gebildeten Welt! „Sie kamen von aller Herren Länder; wie einst in Babel so hört man jetzt hier in allen Sprachen sprechen", sagte ein Teilnehmer der Feier. Und mit solchem endlichen Erlegen des Drachen fiel auch der Hort in des Helden Hände: der Besuch dieses Bühnenweihfestspieles brachte einen Überschuss von vielen tausend Mark, die ferneren Festspiele sind dadurch gesichert.

Allerdings hat der Nibelungenring zu diesem Erfolge wesentlich beigetragen. Zuerst in Leipzig, dann mit der gleichen auswärtigen Künstlerschaar in Berlin aufgeführt, fand er eine wahrhaft unerhörte Aufnahme. Seit dem Sturm von 1813, seit den Jahren 1848–1849 ist das Gefühl des Deutschseins, des Eigenseins nicht so mächtig emporgeflammt, und diesmal stand es nicht mehr auf dem bloßen Boden des Patriotismus und der Politik, sondern da, wo wir unser Höchstes suchen, das „Bleibend-Ewige". Ebenso erwachte 1882 in England am „Ring des Nibelungen" und noch mehr am „Tristan" das Bewusstsein eines ewig Menschlichen in dieser Kunst, sowie es seit Beethovens

Neunter Symphonie dort nicht mehr erfahren worden war, und dieser Enthusiasmus unserer mannhaft ernsten Stammesbrüder drang wie Feuerschein hellleuchtend in das Stammesland hinüber, aus dem sie selbst einst jenen Sinn für das Tragische mitgenommen hatten, der ihren Shakespeare erzeugte. Überall Frühlingsbrausen, plötzliches Erwachen wie aus einem starren Schlummer oder gar wüstem Traume: „Nun dämm're auf, du Göttertag!"

Wir geben zunächst einige Aufführungsberichte.

„Sieg! Sieg! das ist das Wort, welches von Bayreuth in diesen Tagen die Runde um die Welt macht. Wagners neueste Schöpfung, welches die eine schöne Klimax bildende Reihe seiner Werke würdevoll abschliet, hat einen Sieg errungen, wie er voller und größer selbst von den intimsten Anhängern des Meisters nicht gewünscht werden konnte. Den Namen, welchen man der Hauptstadt Oberfrankens scherzhaft beilegte, sie verdient ihn nun wirklich: den Namen eines ‚Deutschen Olympia'", so ward nach London berichtet. Schon nach dem Schluss der Generalprobe war unter allen mitwirkenden Künstlern nur eine Stimme darüber gewesen, dass sie von der Bühne herab noch niemals einen Eindruck von gleicher weihevollen Erhabenheit empfangen hätten." „Parsifal ist von so ungeheurer Wirkung, dass ich mir nicht denken kann, dass jemand unbefriedigt oder mit gegnerischen Gedanken das Theater verlassen wird", schrieb E. Heckel, und *Liszt* bestätigte, dass sich über dieses Wunderwerk nichts sagen lasse: „ja wohl macht es die davon tief Ergriffenen verstummen, sein weihevoller Pendel schlägt von dem Erhabenen zum Erhabensten." Schon von dem ersten Akte ward gesagt: „Hier tritt uns eine Harmonie des musikalisch-dramatischen und religiös-kirchlichen Styles entgegen, welche es einzig ermöglicht, dass wir hart nebeneinander den furchtbarsten, das Herz zerreißenden Schmerz und wiederum jene weihevollste Andacht erleben, wie sie einzig durch das Gefühl der Gewissheit der Erlösung in uns wach wird." Der deutsche Kronprinz besuchte die Vorstellung vom 29. August, die letzte. „Ich finde keine Worte für den Eindruck, den ich empfangen habe", sagte er zu dem ihn geleitenden Verwaltungsrate des Patronatvereins. „Es übersteigt alles, was ich erwartet, es ist großartig. Ich bin tief ergriffen, und ich begreife, dass das Werk im modernen Theater nicht gegeben werden kann." Und zuletzt: „Es ist mir, als wäre ich nicht in einem Theater, so erhaben ist es!" – „Das Werk, das geradezu einen tosenden Beifallssturm hervorrief, ist das Ruhigste, was man sich denken kann; immer gewaltig hinterlässt es einen alles beherrschenden Eindruck der Hoheit und Lauterkeit", schreibt ein Franzose. „Wie sich hier Dekoration, Dichtung, Musik und dramatische Darstellung zu einem wunderbar schönen Bilde vereinigen, das mit ergreifender Beredsamkeit *auf das neue Testament hinweist,* zu einem Bilde voll Friedens und mildversöhnender Harmonie, ist etwas auf dem Gebiete des Dramas völlig Neues", heißt es vom Eingang des dritten Aktes. Und einfach aber unbefangen wahr spricht die entscheidende Bedeutung der Sache folgendes Wort aus: „Durch den Parsifal ist der vollgiltige Beweis erbracht, dass die Schaubühne nicht nur nicht unwürdig ist, die höchsten und heiligsten Güter des Menschen und seinen Gottes-Dienst zur Darstellung zu bringen, sondern dass gerade sie im höchsten Grade fähig ist, diese Gefühle der Andacht zu erwecken und die weihevolle Feier eines Gottesdienstes darzustellen. Wenn der Hörer nicht hierdurch zur Andacht gestimmt wird, so ist gewiss keine kirchliche Zeremonie im Stande, ein solches Gefühl in ihm zu erwecken. Die Bühne, welche vom großen Haufen immer nur als eine Anstalt zur Vergnügung angesehen wird, auf welcher allenfalls noch die ernsten Seiten des Menschenlebens, Schuld und Sühne dargestellt werden können, die aber unwürdig sein soll, das innerste Leben des Menschen und seinen Verkehr mit seinem Gotte zur Erscheinung zu bringen, diese Bühne ist durch den Parsifal zu ihrer höchsten Aufgabe geweiht."

Auch der Raum, den *Sempers* zum Höchsten gewandter Kunstgenius demselben hier geschaffen, entspricht dieser Aufgabe. Er hat keinen Schmuck im Sinne unserer modernen Theater, nirgends gewahrt man Gold oder blendende Farben, nirgends Lichtglanz oder Prunk: „Amphitheatralisch steigen die Sitzreihen empor und werden von einer Logenreihe harmonisch abgeschlossen. Rechts und links erheben sich mächtige korinthische Säulen, welche dem Hause den Charakter eines Tempels verleihen." Das Orchester ist gleich dem Chore der katholischen Kirche unsichtbar und alles hässlich Störende unserer Theater entfernt, alles zu weihevoll feierlichem Eindrücke hergestellt. „Das ist nicht mehr Theater, das ist Gottesdienst", lautete denn auch das letzte Urteil. „Bayreuth" ist der Tempel des heiligen Grals.

So kommen wir denn als zur Hauptsache und damit zur Gipfelung dieser historischen Skizzirung eines so mächtigen und allbedeutenden künstlerischen Schaffenslebens zuletzt zum „Parsifal" selbst, mit dessen bloßer Inhaltsangabe sich zugleich seine Bedeutung für die Gegenwart und die Zukunft bewähren mag.

Wagners „Parsifal" ist im hervorragenden Sinne unser Nationaldrama zu nennen. Ein solches soll wie einst Aeschylos' „Perser" und Sophokles' Ödipustrilogie es getan, einem weltgeschichtlichen Volke den Zeitpunkt ins Bewusstsein rufen, in welchem es in der Weltgeschichte steht und damit die Aufgabe klar machen, welche es in derselben zu lösen hat.

Dass wir Deutsche politisch genommen seit dem letzten Menschenalter aufs neue Weltgeschichte zu machen begonnen haben, dies sagt die große Aktion der Zeit, die zunächst für Europa die Politik abgeschlossen zu haben scheint und dieselbe endlich ganz auf die Welt, die große, ausdehnt. Allein hinter der Politik stehen als die eigentlichen Walter der Welt die Ideen, welche die Menschheit bewegen und von denen jene nur ein mäßig einwirkendes Lebenszeichen ist, und in dieser Geistesbewegung sind wir Deutsche allerdings, dies sagten uns auch allüberall Wagners Dichtungsstoffe, ungleich älter als ein bloßes Menschenalter. Kaulbach malte, der einzige genialische Wurf, der ihm gelang, die Hunnenschlacht, und mehr noch die plastisch erscheinende Idee dieses ewigen Kampfes der Geister als ihre künstlerische Ausführung gewann ihm Weltruhm. Wir stehen heute vor oder vielmehr in einem gleich gewaltigen Kampfe: zwei moralisch-religiöse Anschauungen bekämpfen einander auf Leben und Tod in unsichtbarem wie sichtbarem Kampfe. Welche wird Sieger bleiben?

Wir wissen vom Jahre 1850, dass Wagner eine bedeutungsschwere Schrift schrieb. Darin steht als weitaus gewichtigstes Wort dasjenige, das gleichwohl gerade von denen, die es am meisten auf Leben und Tod angeht, am wenigsten beachtet oder vielmehr wegen ihres bloß dem Tagesschein nachjagenden Wesens völlig unverstanden blieb. Dessen eindringlicher Bewahrheitung, wie sie zumal heute weitaus am meisten die Kunst, vor allem die der leibhaftigen Anschauung auf den „Bretern, die die Welt bedeuten", zu geben vermag, ist zum Teil auch der „Parsifal" gewidmet und zwar in so weitem weltgeschichtlichen und sogar metaphysischem Sinne, dass eben dadurch die Bühne zu einer Stätte der Verkündigung höchster Wahrheit und Moral geweiht worden ist. Wir sahen die groteske Erscheinung des „Antisemitismus", die beklagenswerte der Judenverfolgungen, – was schädigt unseren höheren Bestand, unsere wahre Kultur wohl mehr? Und doch liegt hier ein tiefer Instinkt rein moralischer Natur verborgen. Nur betrifft er nicht das zufällige Stückchen Volk da, das die Geschichte unter uns andere Nationen hineingewürfelt hat, noch viel weniger den einzelnen Menschen, der völlig ohne Absicht und Zutun gerade in ihm geboren ist und daher zu ihm gehört. Sondern hier waltet eben das Geheimnis der welthistorischen Probleme, die so lange mit einander kämpfen, bis das richtige siegt. Ihnen ist nach seiner unvergleichlichen Geistestiefe das gesamte Leben und Tun unseres Künstlers gewidmet, so lange er atmet und lebt, und zwar aus dem heiligsten Gefühle für seine Nation, für die Zeit, ja für die Menschheit, in deren Dienste er als echter „Dichter und Prophet" mit allen Fasern seines Wesens steht und mit jeder Wallung seiner Pulse schafft.

Jener unbemerkte, unverstandene Ausspruch aus dem Jahre 1850 am Schlusse des Aufsatzes von „K. Freigedank" lautet: „Noch einen Juden haben wir zu nennen, der unter uns als Schriftsteller auftrat, *Börne*. Aus seiner Sonderstellung als Jude trat er Erlösung suchend unter uns: er fand sie nicht und musste sich bewusst werden, dass er sie nur mit auch unserer Erlösung zu wahrhaften Menschen finden werde. Gemeinschaftlich mit uns Mensch werden, heißt aber für den Juden zuallernächst soviel als aufhören Jude zu sein. Börne hatte dies erfüllt. Aber gerade Börne lehrt auch, wie diese Erlösung nicht im Behagen und gleichgiltig kalter Bequemlichkeit erreicht werden kann, sondern dass sie wie uns Schweiß, Not, Ängste und Fülle des Leidens und Schmerzes kostet. Nehmt rücksichtslos an diesem durch Selbstvernichtung wiedergebärenden Erlösungswerke Teil, so sind wir einig und ununterschieden! Aber bedenkt, dass nur Eines eure Erlösung sein kann, die Erlösung Ahasvers, der Untergang!"

Kein Volk der Welt hat die von aller Welt Verstoßenen mit solchem heilig reinen Menschengefühle aufgenommen wie die Deutschen, – sollten sie hier endlich ihre Erlösung von dem Fluche der Heimatlosigkeit, ihre Neuexistenz durch Untergang in ein größeres reicheres tieferes Ganze finden? Diese Frage ist es, die Wagner beseelt und bewegt. Aber nicht entfernt in dem Sinne eines zufälligen und wechselnden Haders unterschiedener Rassen oder gar religiöser Parteien! Sondern er ahnt, dass gerade diese Frage eine Lebensfrage der Zeit ist und ihrer endlichen Lösung entgegengeht. Nicht aber die Juden sind es, sondern der *jüdische Geist*, was hier den Gegner im Kampfe darstellt, jener Geist, den erst nach der Entstehung des Christentums dieses Volk an dem Schmutz der römischen Zivilisation aus angeborenen üblen Keimen zu einer welthistorischen Macht des Bösen geschaffen und der selbst in seiner glänzendsten Erscheinung, in *Spinoza*, wie am deutlichsten aus dessen eigenen Schriften Schopenhauer nachgewiesen hat, nur den eigenen Vorteil, dem er das Ganze opfert, nicht aber ein Ganzes kennt, dem er sich liebend zu opfern hat!

Solche konkret lebendige Erscheinung der Geschichte also nimmt sich Wagner nicht etwa zum Gegenstände, sondern zum äußerlichen Anhalte seines Kunstwerkes. Denn irgendeines Zeit- und Raumanhaltes bedarf die Dichtung, um ihre Anschauung von der fortschreitenden Geistesentwicklung der Menschheit zu versinnlichen. Kleists „Hermannsschlacht" meinte ja auch nicht entfernt die alten Römer, sondern ihre Abart, die Mischung von Tiger und Affe, wie Voltaire sie genannt hat, und half in diesem Sinnbilde der Kunst den Sinn seiner Nation zu Völkerschlachten stählen, bis sie siegte. Wagner verlegt den Schauplatz des Kampfes sogar in jene fernen Jahrhunderte, in denen der Kampf zwischen Christen und Heiden gar gewaltig, aber der von Juden und Occidentalen noch gar nicht vorhanden war. Er nimmt wie der echte Künstler auch nur einzelne Porträtzüge aus der Gegenwart, die sich allerdings dem Wesen jener arabischen Welt, die einst einen Weltkampf mit dem Christentume führte, nur zu verwandt zeigen, und bewährt überall, dass ihm am allerwenigsten diese Frage eine vergängliche „Zeit- und Streitfrage", sondern dass sie eine ewige Menschheitsfrage ist, die nur diesmal wieder in einer besonders lebhaften und drängenden Form in das Leben getreten ist. Sein freies Gefühl für das rein Menschliche, wie wir es überall in seinem Schaffen mit so ergreifender Wärme sich betätigen sahen, das uns die wahren Menschheitsgestalten eines Holländer, Tannhäuser, Lohengrin, Siegfried geschaffen hat, es verleugnet sich auch diesmal nicht, nein diesmal am allerwenigsten:

er ahnt die Sehnsucht, die hier waltet, er sieht die Gestalt schon an die Fläche des Daseins emportauchen und will nur echt menschlich anteilnehmend die wahre und volle Lösung zeigen, die keiner der beiden streitenden Seiten das gottgegebene Recht des Daseins versagt.

Klingsor, der Zauberer, Repräsentant alles dessen, was dem heiligen Grale und seinen Rittern feindlich ist, ruft dessen Dienerin *Kundry*, die seinem Zauber, das heißt eben jenem bösen Moralgesetze, dem der Einzelne nicht zu widerstehen vermag, untertan ist, vorwurfsvoll zu:

> *„Pfui! Dort bei dem Rittergesipp,*
> *Wo wie ein Vieh du dich halten lässt!"*

Ist damit der germanische Standeshochmut, der sich „einen Leibjuden hielt", kernig genug gezeichnet und drückt sich unser eigenes altes Unrecht noch schärfer in seinem Worte aus:

> *„Möge denn so das ganze Rittergeschlecht*
> *Unter sich selber sich würgen!"*

so deckt doch Wagner hier noch tiefer, als schon im „Holländer" mit seinem „fabelhaften Heimweh" geschehen war, einen ganzen Zug und inneren Bestand dessen auf, was sich hier nach Erlösung, nach Menschsein mit Menschen sehnt: Kundry bricht vor dem Anblick des Höheren und wahrhaft Menschenwürdigen, das sie zuerst in ihrem Leben in der Gestalt des aus der Erkenntnis des Wahren wiedergeborenen Parsifal erschaute, in sich zusammen und wirft mit dem einzigen Worte, das sie jetzt noch kennt, mit dem Worte: „Dienen! Dienen!" alle böse Selbstsucht von sich. Hier enthüllt sich erst völlig, wie tief mit all ihrem Fühlen und Sein denn doch bereits jene uns Religions- und Stammesfremden den Ideen, nicht sowohl unseres ebenfalls nur begrenzten Stammeslebens wie denjenigen Ideen dienen, durch die wir aus einer bloßen Nation zu einem weltgeschichtlichen Stück Menschheit geworden sind, das den ewigen Schatz derselben in diesem heiligen Grale als letzten und höchsten Besitz hütet.

Wie wahr ist hier Goethes Wort von jener Kraft geworden, die „stets das Böse will und doch das Gute schafft!" Kundry ist Botin des gleichen heiligen Grales, gegen den ihr Herr und Meister den tötlichen Krieg führt: in alle Fernen bringt gerade sie das höhere Stück Kultur, die reinere Menschheitsart, die sie dem Grale und seinem Leben entnimmt. Der Dichter hat denn auch hier, sosehr die besondere Physiognomie Kundrys der eigenen Gegenwartserfahrung entnommen ist, weitaus am meisten die allezeit und aller Orten wiederkehrende Natur des Bösen gezeichnet, die nie durch reines Mit-Leiden mit dem Leid des Anderen über das ewige Leid der Welt wissend werden kann. Klingsor zitiert aus dem chaotischen Urgründe der Welt, wo Gutes und Böses noch ungetrennt liegen, den blinden Naturtrieb als jene wunderbare Gestalt der Weltgeschichte, die überall Teufelsdiener und Heilsbotin zugleich sein muss, mit den weitumfassenden Worten:

> *„Dein Meister ruft dich Namenlose:*
> *Ur-Teufelin! Höllenrose!*
> *Herodias warst du und was noch?*
> *Gundryggia dort, Kundry hier!"*

Es ist der weibliche Ahasver, in allen Zeiten und Welten gegenwärtig, für unsere Gegenwart zur greifbaren Gestalt in jenem waltenden Geist des Judentums gefestet. Aber wie ihre Sündnatur zuletzt an Parsifals Reinheit scheitert und sie ihm demütig naht, um die Taufe zu empfangen, die jedem im Geiste der reinen Menschheit Gläubigen und Tätigen zu Gebote steht, so verkündigt derselbe, als er Kundrys Verführung widerstanden und dadurch von Klingsor den heiligen Speer des Grales wiedergewonnen hat, die nahende Katastrophe, indem er mit demselben das Zeichen des Kreuzes schwingt, in den Worten:

> *„Mit diesem Zeichen bann' ich deinen Zauber:*
> *Wie die Wunde er schließe,*
> *Die mit ihm du schlugest, –*
> *In Trauer und Trümmer stürze die trügende Pracht!"*

Als im vorigen Jahrhundert der Katholizismus durch die Jesuiten ganz sinnlich äußerlich geworden, der Protestantismus aber orthodox verknöchert oder rationalistisch verwaschen war, taten sich außerhalb des religiösen Bekenntnisses geheime Gemeinschaften wie die Freimaurerei auf. An ihrem gutgemeinten aber flachen Humanitätsideal nahmen auch jene Volks- und Religionsfremden, die bisher verachteten Juden lebendigen Anteil, und welch „trügende Pracht" haben sie nicht in Literatur und Kunst und allgemeinem Dasein seitdem sich geschaffen! Ein einziges tatsächliches Wiedererstehen jenes Zeichens, in welchem wir Deutsche einzig Weltkultur und Weltbedeutung erlangt haben, hat dies alles „in Trauer und Trümmer gestürzt" und wir hoffen in Wahrheit einer neuen Epoche unseres geistigen wie moralischen Daseins entgegen. War schon aus dem ersten Erwachen eines rein menschlichen Gefühles, wie es uns das Christentum gebracht hat, im Gegensätze zum Pfaffentume ein Werk wie die „Zauberflöte", kindlich naiv aber innig rein und seelenvoll, erstanden, so ertönt als mächtiger Weckeruf zu diesem vollen Wiedererstehen in der Nation Wagners „Parsifal".

Wir haben also zuletzt an der Dichtung selbst zu ersehen, wie dies geworden, wie dies gemeint.

Nach der Gralssage, die der Meister schon im „Lohengrin" künstlerisch wiedergeboren hatte, war die Schale, aus der Christus beim letzten Abendmahle mit seinen Jüngern getrunken hatte und in der am Kreuze sein Blut aufgefangen worden war, in einem Augenblick der höchsten Bedrängung der wahren Lehre des Christentumes durch eine Engelschaar ins Abendland gebracht worden, und König Titurel hatte ihr in Nordspanien die Tempelburg Montsalvat gebaut, in welcher Ritter von voller Reinheit der Gesinnung jenen Kelch hüten und selbst von seinen Wunderspenden geistige wie leibliche Labe haben. Nur von Reinen auch ist die verborgene Burg zu finden. Der König führt den heiligen Speer, mit dem die Wunde Christi geschlagen worden, und hält damit das feindliche Heidnische im Bann. Über dieses herrscht vom südlichen Abhange des Berges hinab *Klingsor*, der Zauberer. Ihn hatte nun einst ebenfalls Verzweiflung über die Sünde, „seines ungebändigten Sehnens Pein und der schrecklichsten Triebe Höllendrang" befallen: er hatte sich selbst verstümmelt und war dann Erlösung suchend zum heiligen Grale gegangen. Allein *Amfortas*, Titurels Sohn, jetzt König des Grales, durchschaute die mangelnde Reinheit der Gesinnung und wies den schlimmen Zauberer, der nur um

100

des äußeren Gewinnes willen nach dem Heile trachtet, streng zurück. Darüber ergrimmt, weiß dieser nun ihn selbst durch die zur höchsten Schönheit verzauberte Kundry mit den Schlingen der Leidenschaft zu umgarnen und gewinnt dadurch Macht über ihn, ihm den Speer zu entreißen und ihn selbst damit zu verwunden. Diese Wunde brennt fort, solange der heilige Speer nicht wiedergewonnen wird. Es gilt also vor allem dieser Tat, und der Gral selbst hat einst in der höchsten Not des leidenden Königs verkündigt, es werde ihn wiedergewinnen, wer an äußerer Erkenntnis arm durch reines Mitgefühl mit seinem fürchterlichen Leiden das Leiden der Menschheit erkenne und durch solchen seligen Liebesglauben ihr neue Erlösung bringe. Ein zehrendes Gift war in den Leib der durch das Christentum erneuten Menschheit gedrungen: nur dadurch, dass in der vollen Unbewusstheit der Unschuld ihr Genius selbst wiedererwachte, war es möglich, das Gift wieder auszuscheiden.

Im Walde der Gralsburg lagert nun im Frühen schlummernd der alte Gurnemanz mit zwei Knappen, es ertönt der feierliche Morgenweckruf des Grales, sie erheben sich zum Gebete und harren dann des kranken Königs, der in dem nahen See ein linderndes Bad nehmen soll. Alle Heilkräuter der Welt haben ihm nicht geholfen. Da stürzt Kundry in dämonisch wilder Erscheinung heran und bietet einen Balsam aus Arabien. Der König wird herbeigetragen, wir erleben seine Klagen. Er dankt Kundry, die aber allen Dank rauh abweist. Den Knappen, die darüber unwillig sind, verweist dies Gurnemanz: sie diene ja dem Gral und ihr Eifer sei die Buße früherer böser Sünden, mit der sie nun ihnen und sich zugleich helfe. Ja wenn sie zu lange fehle, stehe den Rittern gewiss ein Unheil bevor: sie erhält durch den inneren Gegensatz ihrer Naturart ihnen das Wahre und Gute im deutlichen Bewusstsein und Wollen. Dabei erzählt er ihnen dann, wie Klingsor sich auf der anderen, dem arabischen Heidenlande zugewandten Seite des Gralsberges einen Zaubergarten „mit teuflisch holden Frauen" geschaffen habe, um sie zu bedrängen, indem er die Ritter zu sich verlocke und verderbe. Bei der Befehdung dieses Sündenwesens nun habe der König die Wunde davon getragen und den Speer eingebüßt, den nach der Verkündung des Grales nur „durch Mitleid wissend der reine Thor" wiederzugewinnen vermöge.

Da entsteht plötzlich ein großes Klagen und Jammern, ein wilder Schwan fällt langsam verendend nieder. Knappen führen einen lichten Jüngling herbei, dessen harmlos unschuldsvolles Gebahren unwillkürlich Anteil erregt. An seinen Pfeilen erkennen sie den Mörder des Tieres in dem heiligen Haine, das über dem See kreiste und dem heilbadenden Könige als ein gutes Zeichen erschienen war. Gurnemanz wirft ihm solche böse Schuld vor. Der Schwan ist dem Grale doppelt heilig. Führt er doch auch Lohengrin zur Befreiung der Unschuld daher! „Ich wusste es nicht", entgegnet Parsifal. Aber die allgemeine Klage rührt sein Herz, er zerbricht Bogen und Pfeile. Ebenso kennt er nicht Herkunft, nicht Vater noch Namen. Nur eines weiß er, er hatte eine Mutter, genannt Herzeleide: „im Wald und auf wilder Aue waren wir heim". Gurnemanz aber erkennt an seinem Wesen und Gebahren sein edles Geschlecht, und Kundry, die ewig wandernd alles gesehen, alles gehört hat, bestätigt solche Abkunft.

> *„So war er ein geborener König,*
> *Als Jüngling herrlichst anzuschaun!"*

sagt von dem jungen Herakles Chiron zu Faust. Aber weil der Vater im Kampfe erschlagen worden, habe ihn die Mutter waffenfremd in Oeden erzogen, „zum Toren die – Törin!" Er selbst berichtet dann, wie er „glänzenden Männern" nachgeeilt und – das Leben der kräftigen Jugendvölker – ein nur dem nächsten Triebe folgendes wildes Tatenleben geführt habe. Gurnemanz macht ihm Vorwürfe, dass er der Mutter entlaufen sei, und als Kundry dann berichtet, dass sie gestorben sei, fährt er ihr wütend an die Kehle. Es ist das erste Gefühl eines Daseins über sich hinaus, das erste Leidgefühl. Gurnemanz verweist ihm wohl sein erneutes Gewaltwesen, aber er ahnt, der Prophezeiung gedenkend und weil ja Parsifal den dunklen Weg zur Burg gefunden, ein höheres Teil in ihm. Darum spricht er ihm vom Grale, der sie jetzt, nachdem der König das Bad verlassen, zu neuem Dasein speisen werde. Auf geheimnisvollen Pfaden gelangen sie in die Gralsburg, die nur der an Gesinnung Reine findet. Die Ritter sind im hohen Kuppelsaale feierlich versammelt. Hinter dem Ruhebett des Amfortas ertönt wie aus einer Grabesnische Titurels Stimme zur Mahnung, er möge den Gral enthüllen: so mahnen die gestorbenen Genien des Lebens den Lebenden, des Lebens zu warten! Allein Amfortas bricht in herbste Klagen aus, dass er, der Unheiligste, so den heiligsten Dienst tun, eine verunheiligte Zeit das Heilige sehen müsse. Die Ritter aber verweisen ihn auf die verkündigte Erlösung und so beginnt die feierliche Enthüllung zur Spende des letzten Liebesmahles des Erlösers, dessen Kelch dann in leuchtendstem Purpur erstrahlt. Parsifal steht staunend vor dieser Weihe des Menschlichen. Er hat zwar bei dem ergreifendsten Schmerzensrufe des Königs ebenfalls eine heftige Bewegung nach seinem Herzen gemacht. Allein die Qual der Schuld, die solche Leiden schafft, ist ihm noch nicht zum Wissen gekommen. Gurnemanz stößt daher ärgerlich den „Toren" durch eine schmale Seitentüre der Tempelhalle wieder „seinem Wege", seinen wilden Knabentaten zu: er musste das Leid der Leidenschaft und die Erlösung aus ihm erst an sich selbst erleben.

Die zweite Handlung führt uns in Klingsors Zauberschloss. Er sieht den Toren kindisch jauchzend nahen und ruft Kundry auf, die Sündige, die im Totenschlafe der Geschichte liegt und nur schmerzlich wütend seinem Anrufe folgt: sie ersehnt sich nicht mehr das Leben, das ewig fällige, sie ersehnt sich als Erlösung den ewigen Schlaf. Sie hat gelacht bei Johannes' blutigem Haupt, gelacht, als den Heiland am Kreuze bluten sie sah, und ist nun verflucht, ewig zu lachen und alles, alles in ihr Begierdennetz zu verstricken. „Wer dir trotzte, löste dich frei", sagt aber Klingsor, der Vater des Bösen, „versuch's mit dem Knaben!" Der Knabe naht, die Ritter wollen ihm wehren, er überwindet sie, die Verlor'nen, leicht und steht dann siegend auf der Zinne der Burg, kindisch erstaunt in all die ungekannte stumme Pracht da unten hineinschauend. Doch bald belebt sie sich, es kommen die holden Sinnenbezauberinnen in Blumengewändern und jede sucht den schönen Knaben für sich zu gewinnen. Er aber bleibt ihnen, was er ist, ein – Tor. Da ertönt eine Stimme: er steht betroffen, er hörte den Namen, mit dem in längst entschwundenen Zeiten die Mutter ihr Herzblut gerufen, es ist das Einzige, was er „weiß". Die Schönen verschwinden, die Stimme gewinnt Gestalt, es ist Kundry, aber nicht mehr in abschreckender Wildheit, nein als „leicht verhülltes Weib von höchster Schönheit". Sie erläutert ihm seinen Namen:

> *„Dich nannt' ich, tör'ger Reiner, Fal parsi, –*
> *Dich, reinen Toren, Parsifal!"*

Sie erzählt ihm von seiner Mutter Liebe, von seiner Mutter Tode. Da fällt ihm überwältigend ein, was er, ein taumelnder Tor, seither mit dem Leben begonnen und dass er gar seine Mutter durch Trennungsschmerz getötet hat, er sinkt innerlichst getroffen zu Füßen des verführerischen Weibes: es ist das erste Seelenleid in seinem Leben. Sie aber benutzt diabolisch fürchterlich diesen ihr nur zu gut bekannten einzigen Weg zu seinem männlichen Herzen, die schmerzliche Sehnsuchtsempfindung nach der Mutter, und bietet ihm den Trost, den Liebe beut: „als Muttersegens letzten Gruß der Liebe ersten Kuss."

Da fährt er im höchsten Schrecken auf und presst die Hände gegen das Herz. „Amfortas! Die Wunde, sie brennt in meinem Herzen!" Das Wunder der Erkenntnis ist an ihm geschehen und wandelt ebenso im Augenblick sein ganzes Wesen um: es ist die Wiedergeburt aus der Gnade, wie sie schon das fernste Menschensein als Sinn alles Religiösen erkannt hatte. Jetzt fühlt er das Schauern des sündigen Verlangens, das in unserer Brust brennt, und versteht auch das Mysterium der Erlösung, die er nun selbst an dem unheilvollen Gralskönig zu üben vermag. In seinem tiefsten Innern ertönt des Grales Flehen:

> *„Erlöse, rette mich*
> *Aus schuldbefleckten Händen!"*

Den ganzen Zauber erprobt der böse Dämon der Wollust, aus dem Erstaunen selbst mehr und mehr in Leidenschaft für den Reinen geratend, noch an ihm, er aber versinkt in immer tieferes Weltsinnen, bis ein zweiter brennend langer Kuss ihn jäh und ganz zu sich erweckt: da sieht er „welthellsichtig" geworden auf den tiefen Grund dieses Daseins voll Schuld und Buße und stößt die Schlange, die Versucherin, heftig von sich. Allein sie wird jetzt selbst von der Leidenschaft übermannt, die einzuflößen sie alle Verführung an dem schuldlos Unbefangenen versucht, und wähnt in ihm den Heiland wiederzusehen, den sie einst verlacht. Sie breitet vor ihm in herzergreifender Wahrheit ihren unlöschbaren Schmerz, ihr ewiges Leid, ihren Jammer voll Lachen des Hohnes, die ganze starrende Leere ihres Elends aus, ob nicht Erbarmen ihn bewege, sie an seinem reinen Busen nur eine Stunde weinen, nur eine Stunde sich ihm vereinen zu lassen. Allein es ertönt ihr furchtbar und vernichtend streng wie die Stimme eines richtenden Gottes entgegen:

„In Ewigkeit wärst du verdammt mit mir
Für eine Stunde Vergessens meiner Sendung!"

Zuletzt noch sucht sie gleich der Schlange des Paradieses mit der Verheißung zu locken, er werde in ihren Armen Gottheit erlangen. Allein er bleibt, der Er ist! Da flucht sie ihm, Amfortas nie zu finden, und weist in wildem Rasen ihm aufs neue die Irre zum Geleit. Klingsor erscheint dann zur äußersten Erprobung seiner Macht mit dem heiligen Speere. Jedoch Parsifals reiner Glaube bannt den falschen Zauber: der Speer bleibt über seinem Haupte schwebend stehen. Kundry ist schreiend zusammengesunken, der Zaubergarten zur Öde geworden. Parsifal ruft:

„Du weißt, wo einzig du mich wiederfindest!"

Die zum ersten Male in ihr aufflammende echte Weibesliebe wird auch diesem öden Herzen den Weg zur ewigen Liebe weisen. Und Parsifal hatte ihr zuletzt das Einzige bezeigt, was er ihr, der Erbarmungswerten, bezeigen konnte, – *Erbarmen!* –

   Die letzte Handlung führt uns wieder ins Gebiet des heiligen Grales, das Parsifal von da an sehnsuchtsvoll irrend suchte. Gurnemanz, zum hohen Greise gealtert, lebt an einer Waldquelle als Einsiedler. Er hört im Hag ein Stöhnen. „So jammervoll klagt wohl kein Wild!" sagt er, der die klagenden Laute der sündumfangenen Menschenseele kennt. Es ist Kundry, die er ganz erstarrt aus dem Gebüsche trägt, man hatte sie lange, lange nicht gesehen, nicht beachtet, die Fürchterliche, die Wilde. Ihre Wildheit liegt aber jetzt nur noch in der gewohnten Schlangengewandung, sonst hat sie nur jenen einen Laut: „Dienen! Dienen!" Wer den letzten und wirklichen Bestand unseres Daseins nicht erfasst hat, ist, wo derselbe sich dartut, zum Schweigen verurteilt.

Nur im stummen Tun und Gebahren kann sie die wachsende innere Anteilnahme an den höheren und höchsten Menschendingen betätigen. Sie geht zur nahen Hütte hinein und macht sich zu schaffen. Als sie mit dem Wasserkruge herauskommt, sieht sie einen Ritter in düsterem Waffenschmucke, gebeugten Hauptes, traurig zögernd herannahen. Gurnemanz begrüßt denselben milde. Doch mahnt er ihn, im geweihten Gebiete und gar am allerheiligsten Charfreitage die Waffen abzulegen. Dabei erkennt er ihn: es ist Parsifal, zum ernstbesonnenen Manne gereift. „Der Irrnis und der Leiden Pfade kam ich", sagt er, und wird von Gurnemanz, der den heiligen Speer erkennt, sogleich auch als „Herr" begrüßt, da er dem leidenden Gralskönige, dessen Klagen er einst untätig mitleidend vernommen, jetzt Erlösung zu bringen hoffen darf. Er vernimmt durch den alten Getreuen von dem höchsten Leid und Vergehen der heiligen Ritterschaft: Amfortas hat den lebenerhaltenden Gral ferner nicht enthüllen und lieber sterben wollen, als so schmerzhaft hinzusiechen, und so versiechte auch die Kraft der Ritterschaft. Titurel ist bereits gestorben, ein „Mensch wie andere", und Gurnemanz hat sich in dieser Waldecke einsam geborgen.

Da bäumt er sich auf vor Schmerz: er, er allein hat alles dies verschuldet; er hat den Weg des letzten Heils so lange nicht erkannt! Jetzt wäscht ihm Kundry die Füße, „um der langen Irrfahrt Staub von ihm zu nehmen", und Gurnemanz netzt ihm das Haupt, er soll denselben zum Grale geleiten, den Amfortas noch heute zur Heilung des toten Titurel enthüllen will. Kundry salbt ihm darauf die Füße, Gurnemanz das Haupt, damit er noch heute als König gegrüßt werde, und er selbst übt sein erstes Heilamt, indem er aus dem geweihten Quell des Waldes Kundry tauft, die jetzt zum ersten Male wieder zu weinen vermag. Dadurch erscheint selbst Flur und Aue wie mit heiligem Tau beträuft: auch die Natur feiert nach alter Vorstellung am Charfreitage die Erlösung mit, die der Mensch durch Christi Liebesopfer gewann, das des Verlornen Reuetränen in Fried und Freude wandelt.

In der Gralsburg begehen die Ritter Titurels Begräbnis. Amfortas, der in seinen Leiden als einzige Gnade den Tod für sich ersehnt, gerät, als ihn die Ritter drängen, den Gral, der nur Leben spendet, zu enthüllen, in die wütendste Verzweiflungsqual, sodass alles scheu vor ihm zurückweicht. Da im äußersten Augenblicke erscheint Parsifal und berührt die Wunde mit dem Speere, der einzig sie zu schließen vermöge. Er preist Amfortas' Leiden, das ihm, dem zagen Toren, „des Mitleids höchste Kraft und reinsten Wissens Macht" gegeben, und tritt in des Königs Amt ein. Der Gral erglüht, Titurel erhebt sich segnend im Sarge, aus der Kuppel schwingt sich eine weiße Taube auf Parsifals Haupt herab, dieser schwingt den Gral, Kundry sinkt mit dem Blicke gegen ihn entseelt zu Boden, Amfortas und Gurnemanz aber huldigen ihm als König und ein Chor aus der Höhe singt:

> *„Höchsten Heiles Wunder:*
> *Erlösung dem Erlöser!"*

Der heilige Gral, des Heilands Sinnbild, ist endlich aus schuldbefleckten Händen gerettet, wiedererlöst.

Dies der karge Aufriss des ebenso gewaltigen wie tiefsinnigen dramatischen Vorganges in des Künstlers letztem Werke!

Man erkennt leicht, Gestalten wie Vorgänge sind nur ein Gleichnis, verkörperte Ideen und Entwicklungsperioden der Menschheit, ja die auseinandergelegten Seiten und Kräfte der menschlichen Natur selbst. Es ist die *innere Weltgeschichte*, die sich ewig wiederholt und die Menschheit sich stets neu wiedergebären lässt. Der reine Genius der Nation und der Zeit erhebt sich aus dumpfem Irren aufs neue zu seinem wahren Wesen, sein Speer heilt die Wunde, die er in der Hand des Andern, Fremden, Bösen uns schlug, er ist der König, dem alle, selbst die Erstorbenen und die Ersterbenden, zu neuer Heilstat huldigen.

Nächst der Religion selbst war es ja vor allem die *Kunst*, welche der Menschheit die aus jener entstammenden Ideale stets zu erneutem Bewusstsein brachte, und hier begibt sie sich sogar unmittelbar in den Dienst der göttlichen Wahrheit. Den herrschenden Gewalten ward der Speer entwunden, der ihre Herrschaft über die Geister bedeutet, und schweres geistiges Leid und Verkümmern hat es nach sich gezogen, dass wir fast auf allen Gebieten des Lebens unter die Gewalt des frivol mit dem Höchsten Spielenden gerieten. Die dem reinsten Genius der Menschheit entstammende *Kunst* erscheint jetzt vor allem berufen, den Speer wiederzugewinnen und die fressende Wunde zu heilen. Die Religion ist ja zu streitenden Konfessionen, die Wissenschaft zu eifersüchtigen „Spezialfächern" zerstückt. Die Kirche versagt im Kampfe gegen die bösen Mächte hüben wie drüben, und die „Geister" besitzt sie lange nicht mehr. Der stets einseitiger werdende Studiumsbetrieb macht gegen solche höchste ethischen Fragen nur gleichgiltig. Einzig die Kunst hat sich aufs neue fest in sich zusammengeschlossen, – wir sahen es an dem Bilde dieses einen mächtigen Künstlers, mit welcher schmerzlichen Gewalt, mit welchem Stürmen, Sehnen und Hoffen, mit welchem unzerstörbar treuen Gefühle für sein Volk, – sie überwältigt denn auch alles, was noch rein menschliches Gefühl in sich lebendig birgt. Sollte sie wenigstens bei den Gebildeten zur lebendigen Erneuung des Bewusstseins von dem Höchsten berufen sein, zu dem wir befähigt, in dessen schlummerndem Besitze wir sind? Die ewige Wahrheit wählt stets ihre eigenen Mittel und Wege, dem Menschen aufs neue sich zu offenbaren: „des Herren Wege sind wunderbar". Sie denkt nur an das Erreichen ihres Zieles. Denn ihr liegt einzig unser stets aufs neue irrend leidendes Geschlecht am Herzen. Wir hörten ja von unbefangen Fühlenden, dass dieser „Parsifal" ihnen wie ein anderer Gottesdienst vorgekommen und das Festspielhaus nicht entfernt mehr ein Theater gewesen sei, dass vielmehr alle bösen Dämonen aus diesem Raume verbannt und alle guten in ihn hineingebannt erschienen.

Wäre dem so und dürften wir auch nach dieser Seite hin für die Zukunft hoffen, die so schmerzlich harte Prüfung eines langen, langen Künstlerlebens, die auch diesem Genius „des Mitleids höchste Kraft und Wissens reinste Macht" gegeben, wäre mit reichstem Segen, mit dem Übermaß der Erfüllung der eigenen Hoffnungen gesegnet und das sehnlichst erkämpfte Ziel zu seinem wie zu unserem Heile erreicht. Ebenso bleibt die Reihe der reinmenschlichen Gestalten, die er aus dem dunklen Nichts hervorgerufen, dieser Holländer, Tannhäuser, Lohengrin, Siegfried, Tristan auch die Reihe der Führer, die uns zu diesem letzten Ziele geleiten.

Wie dem aber auch sei und was die Zukunft in ihrem Schoße berge, dieser „Parsifal" ist ein Weckeruf an die Nation, wie ihn Keiner zuvor größer getan hat, und konnte und durfte auch nur geschehen von einer Kunst aus, die das ungemischteste Erzeugnis jener Kultur ist, welche aus dem Christentume stammt, ja ein Erzeugnis des religiösen Empfindens der Menschheit selbst. Wenn unser Meister von Beethovens hoher Kunst gesagt, sie habe den Menschengeist aus tiefer Schmach erlöst, so hat nach ihm kein Künstler diesen letzten und reinsten Geist unserer Nation, sowie er aus dem Christentume gefestet und geheiligt worden ist, reiner und sicherer dargestellt, als derjenige, der schon in frühen Jahren bekannte, er könne den Geist der Musik nicht anders fassen als in der *Liebe*! Er bereitet uns in ihm eine neue Periode der Entwicklung, die uns tiefer zu uns selbst und dem reinen Menschentume führen soll und in diesem als einem Höheren und Allumfassenden vielleicht auch die Kraft gewährt, jedes Falsche und Fremdgeartete, das in unser Dasein eingedrungen ist, zu überwinden und mit zum Bewusstsein des wahren Zweckes und Zieles des Lebens emporzuheben.

Richard Wagner, so fassen wir das Resultat unserer Darstellung zusammen, hat, wie kein anderer Zeitgenosse, seinem deutschen Volke im Gebiete des geistigen Lebens den ihm eigenen Sinn für das Große und das Tiefe, für das Reine und das Erhabene, mit einem Worte für das Ideale wiedererweckt. Mögen wir Nachkommenden durch dessen Betätigung im Leben dankbar dieser großen Tat entgegnen! Dann braucht der Lohengrin, der das Weib suchte, das an ihn *glaubte*, nicht mehr in seine öde Einsamkeit zurückzukehren, sondern ist seines Sehnens nach Vereinigung mit dem Herzen seines Volkes für immer erlöst. Auch bei ihm, dem Genius, der durch ein langes Leben „der Irrnis und der Leiden Pfade kam", gilt dann wie bei jedem, der sein Dasein in Liebe für das Ganze lebt, das Wort: „ *Erlösung dem Erlöser!"*

109

8. Tod und Bestattung

(1882-1883)

„Richard Wagner war während seines Aufenthaltes in Venedig bei bestem Wohlsein und Humor", sagt ein Bericht über diese Zeit vom Herbst und Winter 1882, in dem er aufs neue den wärmeren Süden aufgesucht hatte, ohne den er wohl, wie er schon das Jahr zuvor seinem genialen Regisseur Brandt in Darmstadt geschrieben hatte, nicht mehr lange leben werde.

Von dieser Stimmung gibt uns der Brief Zeugnis, den er zu Silvester 1882/83 an eine deutsche Musikzeitung richtete, als zum Geburtstage seiner Gattin in der Weihnachtswoche, gerade fünfzig Jahre nach ihrem Erstehen im Liceo Marcello jene Jugendsymphonie in C-Dur wieder aufgeführt wurde. Er schreibt dort, gleiche Siegfried alte Zeiten, den bescheidenen Anfang größter Dinge erneuend, ausführlich so:

„In der vorchristlichen Jetztzeit Leipzigs, deren wohl nur sehr wenige meiner geburtsstädtischen Mitbürger sich noch erinnern werden, war das Gewandhaus-Konzert selbst für Anfänger meiner Richtung noch accessibel, da in letzter Instanz über die Zulassung neuer Kompositionen ein würdiger alter Herr, der Hofrat Rochlitz (bekannt aus der Biographie Mozarts wie Beethovens), als Vorstand entschied, der die Sachen genau nahm und ordentlich sich ansah. Ihm war meine Symphonie vorgelegt worden und ich hatte ihm nun meinen Besuch zu machen. Da ich mich ihm persönlich vorstellte, schob der stattliche Mann seine Brille auf und rief: ‚Was ist das? Sie sind ja ein ganz junger Mensch: ich hatte mir einen viel älteren, weit erfahreneren Komponisten erwartet!'

„Das lautete denn gut. Die Symphonie ward angenommen, doch wünschte man, dass sie womöglich zuvor von der ‚Euterpe' gewissermaßen zur Probe aufgeführt würde. Nichts war leichter als dies zu bewerkstelligen. Ich stand gut mit diesem untergeordneteren Orchestervereine, welcher bereits im alten Schützenhause eine ziemlich fugierte Konzertouvertüre von mir freiwillig aufgeführt hatte. Wir hatten uns jetzt nach der Schneiderherberge übergesiedelt, – ein Umstand, den ich zur beliebigen Verwertung unseren Witzlingen gern überweise. Ich entsinne mich, dass wir dort durch die mangelhafte Beleuchtung sehr inkommodiert waren. Doch sah man wohl genug, um nach einer Probe, in welcher ein ganzes Konzertprogramm noch außerdem mit bestritten worden war, meine Symphonie wirklich herunterzuspielen, wenn mir selbst dies auch wenig Freude machte, da sie mir gar nicht gut klingen zu wollen schien. Allein wozu ist der Glaube da? Heinrich Laube, der sich damals mit Aufsehen schriftstellernd in Leipzig aufhielt und sich garnichts daraus machte, wie etwas klang, hatte mich in Protektion genommen. Er lobte meine Symphonie in der ‚Zeitung für die elegante Welt' mit großer Wärme und acht Tage darauf erlebte meine gute Mutter die Versetzung meines Werkes von der Schneiderherberge in das Gewandhaus, wo es unter so ziemlich ähnlichen Umständen wie dort seine Aufführung erlitt. Man war damals gut für mich in Leipzig: etwas Verwunderung und genügendes Wohlwollen entließen mich für Weiteres."

Dieses „Weitere" habe sich aber sehr geändert, schreibt er: er hatte „sich auf das Opernfach geworfen" und die Gemütlichkeit ein Ende erreicht, als nach einigen Jahren Mendelssohn sich dieser Anstalt annahm. Er brachte dann dem noch so jungen Meister ebenfalls sein Werk, hörte aber niemals ein Wort darüber. „Im Laufe der Jahre führten mich meine Wege oft wieder mit Mendelssohn zusammen, wir sahen uns, speisten, ja musizierten einmal in Leipzig miteinander", heißt es weiter in köstlicher Laune. „Er assistierte einer Aufführung meines Fliegenden Holländers in Berlin und fand, dass da die Oper doch eigentlich nicht ganz durchgefallen war, ich doch mit dem Erfolge zufrieden sein könne. Auch bei Gelegenheit einer Aufführung des Tannhäusers in Dresden äußerte er, dass ihm ein harmonischer Einsatz im Adagio des zweiten Finales gut gefallen habe. Nur von meiner Symphonie kam nie ein Wort über seine Lippen."

Selbst nach dem Tode seines „geheimnisvollen berühmten Gönners" sei das Manuskript verschollen geblieben, bis sich vor einiger

Zeit in Dresden ein Koffer gefunden habe, den er „in wilder Zeit herrenlos hinterlassen hatte." In diesem waren auch die Stimmen der Symphonie vorhanden und Wagner beschloss nun sein Werk „als Familiengeheimnis" noch einmal zum Ertönen zu bringen. Das vortreffliche Liceo führte dies aus, sein großer Schwiegervater Liszt war ebenfalls zugegen und wir verzeichnen dabei noch einige bemerkenswerte Äußerungen.

„Meine Symphonie schien wirklich zu gefallen", schreibt er. „Mich im Besonderen belehrte das Befassen mit diesem Jugendwerke über den charakteristischen Gang einer musikalischen Begabung zum Gewinn wirklicher Selbstständigkeit. Von großen Dichtern wie Goethe und Schiller wissen wir, dass sogleich ihre Jugendwerke das ganze Hauptthema ihres produktiven Lebens mit großer Prägnanz aufzeigten: Werther, Götz, Egmont, Faust, alles war von Goethe im frühesten Anlaufe ausgeführt oder doch deutlich entworfen. Anders treffen wir es bei dem Musiker an: wer vermöchte in ihren Jugendwerken sogleich den rechten Mozart, den wirklichen Beethoven mit der Bestimmtheit zu erkennen, wie er dort den vollen Goethe und in seinen aufsehenerregenden Werken sofort den wahrhaftigen Schiller erkennt? Wenn wir hier der ungeheuren Verschiedenheit der Weltanschauung des Dichters und der Weltempfindung des Musikers nicht weiter auf den Grund gehen wollen, so können wir doch das Eine alsbald näher bezeichnen, dass nämlich die Musik eine wahrhaft künstliche Kunst ist, die nach ihrem Formenwesen zu erlernen und in welcher bewusste Meisterschaft das heißt die Fähigkeit zu deutlichem Ausdruck eingester Empfindung erst durch volle Aneignung einer neuen Sprache zu gewinnen ist, während der Dichter, was er wahrhaftig erschaut, deutlich in seiner Muttersprache ausdrücken kann."

Wie weit er es in der Aneignung dieser Sprache Mozarts und Beethovens schon damals gebracht hatte, dies habe eben den trefflichen Hofrat Rochlitz erstaunt, als er den Verfasser jener Symphonie einen – neunzehnjährigen Jüngling vor sich gewahrt sei. Dass er aber bei dem Symphonieschreiben nicht verharrt habe, begreife er beim Wiederanschauen dieses Jugendwerkes doppelt, da es keinen Zug jener duckmäuserischen Sentimentalität enthalte, die bald darnach aufkam, und höchstens jene grenzenlose Zuversicht zeige, mit der dieser Richard

Wagner sich schon damals um nichts bekümmert habe. „Trotz der Hauptthemen, mit denen sich gut kontrapunktieren aber wenig sagen lässt", so schließt er heiter genug, „wurde meine Arbeit als Jugendwerk, dem ich leider das Epitheton altmodisch geben zu müssen glaubte, gelten gelassen. Dem somit bezeichneten ,altmodischen Jugend-werke' stellte ein heimlicher Antisemit meiner Bekanntschaft das ,neumodische Jugendwerk' entgegen." Damit man aber einen Begriff davon erhalte, wieweit er es vor fünfzig Jahren doch bereits auch im ,Elegischen' gebracht habe, teile er die Melodie des zweiten Satzes mit, die allerdings ein wahrhaft herzergreifender Seelengesang ist und alle echten „Wagnerianer" noch wahrhaft seelenbewegend gefangen hielt, als eben von diesem Venedig aus die – völlig unerwartete Nachricht seines Todes kam.

Wir geben von ihm und von der Bestattung die notwendigen Einzelheiten.

Der königlich bayrische Hofkapellmeister Levi, der als Erster die letzten Bayreuther Aufführungen geleitet hatte, war von Arco, wo er sich zur Kurz aufhielt, nach Venedig gereist und weilte für eine Woche in des Meisters Nähe, ja er musste aus der Wohnung des russischen Malers Joukowsky, der die Hauptentwürfe zu der Parsifal-Szene-rie gemacht hat und Wagner besonders befreundet war, auf dessen besonderen Wunsch in den Palazzo Vendramin am Canale grande übersiedeln. Er fand Wagners Befinden in der ganzen Zeit vorzüglich. Derselbe hatte mit seiner Familie und einigen Freunden dem Trubel auf dem Markusplatze am Faschingsdienstage bis in die späte Nacht-stunde beigewohnt: kein Umstand deutete auf die nahe Katastrophe. Auch noch an dem tage, als levi abreiste, begleitete ihn Wagner die Treppen des Palastes hinunter und verabschiedete sich in fröhlicher Laune. Dies war am 12. Februar, am 13. war Wagner tot! –

Bei den Bayreuther Spielen von 1876, bei denen der meister der sache selbst unten und oben in dem weiten zugvollen Bühnenhause umherstieg, um auch über allem und jedem des unerhörten Kunst-werkes der Nibelungen zu walten, warnten ihn die Freunde vor den bösen Folgen einer Erkältung. „Oh, ich werde neunundachtzig Jahre alt", lautete die zuversichtliche Antwort. Nach der Aufführung jener Jugendsymphonie aber sagte er beim Fortlegen des Dirigentenstäbchens: „Ich werde nie mehr dirigieren." – „Warum, Meister?" – „Weil ich bald sterben werde!" Und schon früher hatte er einmal geäußert: „Parsifal ist mein letztes großes Werk." Am Tage nach der fröhlichen Fastnacht aber ließ er sich nach San Michele, der Metropole Venedigs, fahren und sagte zum Gondoliere gewendet: „Wie lange währt es noch und ich finde auch mein stilles Plätzchen!" Es war wohl der gleiche glutäugige muntere Pietro, den er einst in herrlichem Schwunge Tannhäusers „Stets soll nur dir, nur dir mein Lied ertönen!" hatte singen hören und dem er, nachdem er dessen eigenes Liebesleid vernommen, vermittelst eines Hundertlire-Scheines zur Überwindung der Bedenken seiner Schwiegermutter und damit zu seiner geliebten Marietta verholfen hatte. An dem Todestage fand man Pietro an den steinernen Stufen des Palastes fast wie vom Schlage gerührt sitzen, dann bestieg er lautlos seine Gondel und weinte wie ein Kind. Es war ja ein so „guter Herr" gewesen.

Doch wie dieser Gondoliere schon einmal acht Tage hatte vergebens warten müssen, weil der „Signore" krank war, so hatte Wagner bei seinen Spaziergängen auf dem Markusplatze schon manchmal in dem Gewölbe seines Bankiers sich eine Zeit lang niedersetzen müssen, weil ihm der Atem ausging. Doch hatte er gerade am letzten Tage vor dem Tode bei demselben noch eine etwas erheblichere Summe aufgenommen, um mit dem jungen Siegfried eine kleine fahrt zu machen. Und sein italienischer Arzt erklärt, dass schon im Jahre 1878 sich die Spuren einer Degeneration der Leber, Milz und Nieren gezeigt, die im Fortschreiten ganz unvermeidlich das Herz und in letzter Linie auch das Gehirn ergreifen musste. Wie denn auch im nächsten Jahre das lästige Gefühl des Herzklopfens, zeitweilig auftretenden Schwindels und häufige Kurzatmigkeit eintraten. Der Familie waren diese Umstände ebenfalls mitgeteilt worden, aber weder sie noch Wagner selbst waren auf eigentliche Gefahr vorbereitet.

Am Morgen des 13. Arbeitete der Meister noch ruhig in seinem geräumigen Zimmer. Als er aber gegen Mittag aus demselben trat, äußerte er sich gegen das Stubenmädchen, ihm sei sehr unwohl. Doch war dies so rasch vorüber, dass sie an die Herrichtung des Mittagsmahles ging. Als man sich zu diesem zurechtgesetzt, rief Wagner durch die Türe seines Arbeitszimmers ihnen zu, er werde kommen, sobald sein Anfall nachgelassen, man solle nur auf vier Uhr den Gondoliere bestellen. Nach einiger Zeit, als der Hausherr nichts von sich hören ließ, ging das Dienstmädchen an die Türe des Zimmers und vernahm darin Seufzen und Stöhnen. Sie öffnete die Türe und sah dabei den Meister auf dem Sofa liegen und bereits mit dem Tode ringen. Auf ihren Ruf eilte Frau Socima herbei, kam aber nur zeitig genug, um die letzten Atemzüge des bereits bewusstlosen teuren Mannes zu vernehmen und bei dem letzten Lebensringen zu sein. Der herbeigeholte deutsche Arzt konnte nur den bereits nahenden Tod feststellen, der auch bereits um halb vier Uhr eintrat. „Nach einer kurz zuvor aufgetretenen geringfügigen Erregung wurde Wagner wieder wie schon so oft von einer Ohnmacht befallen", sagt der italienische Arzt. „Bald darauf wurde die Aktion des Herzens eine stürmische, die Raft desselben war nicht mehr im Stande, die sich zurückstauende riesige Blutsäule in die Arterien hineinzutreiben, die Folge davon war, dass unter dem mächtig ansteigenden Blutdrucke die Wand des Herzens selbst nachgab und ein Bruch derselben eintrat. Dadurch ergoss sich das Blut frei in die Brusthöhle und bewirkte den plötzlichen Tod durch Erstickung."

Die Trauerkunde, die sofort die Welt durchlief, durchschütterte die Herzen der Menschen: man fühlte, hier war nicht bloß ein großer Künstler, hier war ein großer Mensch gestorben. Der Telegraph vermochte die Menge der Rückantworten kaum zu bewältigen. Der König von Bayern ordnete völliges Unberührtsein der Leiche an, bis sein Abgesandter eingetroffen sei. Der völlig verzweifelnden Familie standen Joukowsky und der von Bayreuth herbeigeeilte Bankier Groß, Feustels Schwiegersohn, zur Seite. Liszt war allzu erschüttert, um selbst nach Venedig, ja nur nach Bayreuth zu kommen. Denn hier sollte nach Wagners eigener Bestimmung die Leiche beedrigt werden, und zwar in einem Mausoleum, das er sich schon zehn Jahre zuvor, mit einem liegenden Grabsteine bedeckt, hatte errichten lassen. Sein großer Neufundländer war ebenfalls in der Nähe begraben worden. „Hier ruht Russ und wartet", hatte Wagner auf den Stein geschrieben. Und wenn seine geliebte Frau Cosima ihm zuweilen nicht nach dem Sinne tun wollte, sagte er: „Sei nur brav, sonst kommst du nicht mit ins Mausoleum."

Ein Sonett schildert den Eindruck des Umstandes, dass Wagner gerade in der langsam absterbenden Stadt Venedig gestorben war, in schöner Weise: sein Verfasser heißt Alfred Friedmann.

> *Du goldne Welt vergangner Herrlichkeit,*
> *Venedig, stille ries'ge Totenbahre,*
> *Du Trauergondel, gleite still und fahre*
> *Den müden Siegfried in die Ewigkeit.*
>
> *Der sonst so tönereich und kampfbereit,*
> *Wie liegt er stumm im Kranz der siebzig Jahre;*
> *Der einst den hochflug neidet' jedem Aare,*
> *Wie liegt ihm nun Triumph und Welt so weit!*
>
> *Venedig mag, die Bahr', in Staub zerfallen!*
> *Dass es dein Sarg, sichert ihm ew'ges Leben,*
> *Das Neidlied und des Nachlobs Sang verhallen!*
>
> *Zwei Genien seh' ich überm Erdball schweben:*
> *Gestreng die Zeit und mild die ew'ge Liebe,*
> *Dein echtes Gold bewahrt in gold'nem Siebe!*

Am 16. Februar ward das zahllose Kränze spendende Venedig verlassen. Die niedergeschmetterte Witwe hatte das große Trauergeleite der Stadt dankend abgelehnt. Aus der Leichengondel kam der schöne Renaissancesarg in einen schwarzausgeschlagenen Eisenbahnwagen. Schon Ala; die erste deutsche Station, begrüßte die Hülle des deutschesten Meisters feierlich. In Bozen als erster deutschen Stadt empfingen den Zug zahlreiche Vereine mit einem Lorbeerkranz: „Dem großen deutschen Tonmeister!" In Kufstein als der Grenzstation stand in feierlicher Gala der Hofsekretär des Königs, die Leiche zu geleiten. In München legte der Generaladjutant den schönsten Kranz von Lorbeer, Blumen und Palmen auf den Sarg: „König Ludwig von Bayern, dem großen Wort- und Tondichter Richard Wagner!" Trotz der Bitte der Witwe hatte eine große Anzahl von Abordnungen der Münchener Körperschaften sich eingefunden und der Zug glitt unter den Klängen des Siegfriedmarsches still weiter. Ihn geleitete ein zweiter General-adjutant des Königs, und königliche Ehren wurden der Leiche auf der Fahrt dargebracht.

In der Nacht in Bayreuth hatte der Waggon eine Ehrenwache von Bürgern. Der große Platz vor dem Bahnhofe war mit schwarzbehangenen Masten abgegrenzt und diese selbst mit Belarien verbunden, die in weißer Schrift Wagners Werke nannten. Die Stadt selbst wollte ihren größten Mitbürger bestatten. Um Mittag wogte ein Meer von schwarzen Flaggen in den Straßen, deren Läden sämtlich geschlossen waren. Die Laternen leuchteten durch schwarzen Flor. Zahllose Deputationen von Theatern und Vereinen hatten unendliche Kränze gespendet. Um vier Uhr begann der Zug, der metallene Sarg trug bloß die zwei Kränze des Königs. „Es hat auf der ganzen Welt keinen Mann gegeben, an dem ich und meine Mitbürger mit solcher Liebe gehangen sind, seinem großen Werke treu zu bleiben, sei unser heutiges Gelöbnis!" sagte Bürgermeister Munker, und Bankier Feustel sprach: „Ein Fürst ist heimgegangen, ein weithin sichtbarer Thron in den unbegrenzten Gebieten des geistigen Lebens und der Kunst ist verwaist. Die größte Verehrung, die wir dem Schöpfer so großer Werke zollen können, beruht in der Erhaltung derselben!"

Die Musik spielte auch hier wieder dem „müden Siegfried" seinen unsterblichen Heldenmarsch, sämtliche Glocken läuteten. Vorauf zogen die Kranzträger, die zwei Herolde und die Wagen mit den zahllosen Kränzen. Zunächst hinter dem mit vier Rappen bespannten Wagen kamen die Vertreter des Königs mit dem jungen Siegfried, die Abgesandten des Großherzogs von Weimar und des Wagner persönlich befreundeten Herzogs von Meiningen. Dann kamen, aus ganz Deutschland herbeigeeilt die „Freunde", die dem meister so innig wert waren, darauf die Deputationen, das Bayreuther Offizierkorps und zahlreiche Bürger der Stadt. Denn die Teilnahme war eine ebenso allgemeine wie aufrichtige. Einfache Leute klagten mit tränenden Augen, dass sie nun den „leutseligen Herren" verloren hätten. Viele Tausende bildeten Spalier in den dichtbesetzten Straßen.

Vor dem ihm vom Könige erbauten Hause, das er einst „Wahnfried" genannt, weil hier „sein Wähnen Friede fand", hielt der Zug an, die leiche ward nun von Wilhelmy, Wolzogen, Niemann, Levy,

Richter, Reichmann und anderen Freunden und Darstellern bis zur Gruft getragen, drei Kinder des Meisters hielten die Bahrzipfel. In feierlicher Stille umstanden die Freunde und des Meisters Kinder den Sarg. Der Geistliche vollzog die Weihe des Gartenplatzes zum Friedhofe und sprach die rituellen Gebete. „Gott wie kühl klang dies alles im Gegensatze zu dem tiefen Schmerze, der glutvoll die Herzen der Anwesenden erfüllte!" sagt einer der Augenzeugen. „Traurig nahmen die Freunde Abschied von dem toten Meister, der trauernden Familie den Platz einräumend. Frau Cosima hatte die letzte Viertelstunde für sich erbeten. In einsamen Gebete sank sie an dem Sarge auf die Knie, heiße Tränen perlten auf die Blumen herab, welche der sterblichen Hüller als letzter Schmuck mitgegeben werden konnten."

„Die Einsegnung war still und kurz, doch rührend im höchsten Grade", sagt ein anderer Bericht. „Alles schluchzte, den letzten Abschied nehmend."

Bei der Einsenkung waren nur Frau Cosima, die vier Kinder und Siegfrieds Vormund, Bankier Groß zugegen. Jetzt war der einsame, große König noch tiefer vereinsamt.

„Allüberall, wo gesittete Menschen wohnen, ertönt die übereinstimmende Klage über den Verlust des großen Mannes", sagte schon einer der Trauerfest-Redner, und gewiss ist kein Blatt der gebildeten Welt, das nicht diesen Tod angezeigt, kein bedeutenderes Organ, das nicht den großen Toten zu würdigen getrachtet hätte.

„In der Stadt ist allgemeinste Teilnahme, sämtliche Blätter enthalten sympathische Nachrufe", so war sogleich von Venedig telegraphiert worden, und die italienische Presse variierte das Thema: „Vor dem Bilde dieses großen Toten verschwindet jeder Parteistandpunkt." Auch die deutschen Blätter zeigten sich endlich, „des langen Haders müde". Ein süddeutsches Blatt fasste die Bedeutung in die Worte. „Richard Wagner hatte unter den Künstler der Gegenwart nicht seines Gleichen, umso weniger als er mit keinem von ihnen zu vergleichen ist. Er ist eine Erscheinung, wie sie die Geschichte der Kunst noch nicht zu verzeichnen hatte. Er war ein Mensch, der die ganze wunderlich bewegte große und kleine Welt seiner Zeit in seiner Seele nachempfand. Er war ein stahlharter Mann, der den Kampf mit allem aufnahm. Er war ein großer Denker dem alles, was er erlebte und durchkämpfte, nur Stoff für seine Gedankenarbeit war. Er dachte aber nicht als Philosoph, er dachte als Künstler. Die Hauptsache war immer, dass er einen großen Gedanken in sich trug, den er als Künstler verkörperte." Ein norddeutsches Fachblatt aber kennzeichnet die letzten großen Gedanken, die er verkörpert, treffend in folgender Gegenüberstellung:

„Wenn auch im Nibelungenringe gleich einer im unterirdischen Schachte sich hinziehenden Goldader jenes einzige vollbeseeligende Erlebnis nicht fehlt, das die Menschheit nach seiner vollen Tiefe erst von dem Augenblicke an kennen lernte, als sich die erbarmende göttliche Liebe für sie zum Opfer brachte, so ist trotzdem der Grundcharakter dieses Werkes ein durch und durch heidnischer. So ist die Welt ohne Gott! Seit dem Prometheus des Aeschylos ist das Prinzip der Gegengöttlichkeit nicht in erschütternderer Großartigkeit verkörpert worden. Und so sei es denn ausgesprochen: der Ring des Nibelungen und der Parsifal verhalten sich zu einander wie das Reich der Natur zu dem Reiche der Gnade. Herrscht in jenem der heroische Geist des Heidentumes, so ist das letztere von jener ehrfürchtigen Demut, von jener sanftmütigen Milde erfüllt, wie sie erst durch das Christentum in den Herzen der Menschen wach geworden ist." Der Verfasser ist Jude.

Die französische Presse zeigte ebenfalls den lebhaftesten Anteil. Der Figaro erklärt, nie die geringste Sympathie für den deutschen Meister gehabt zu haben. „Der Tod löscht alle Flecken aus, entblößen wir das haupt vor einem dahingeschiedenen großen Künstler", heißt es dann. „Der mutige Kampf, den das Genie Wagners so lange gegen die Gleichgiltigkeit seiner Zeit unterhalten hat, der heiße Glauben an seine Kunst, der ihm in den Anfängen seiner Laufbahn gegen die Geringschätzung der Welt gewappnet hat, können Allen als Vorbild dienen. Der Tod Wagners ist weit ergreifender als die Kämpfe seiner Jugend, denn er überraschte den großen Komponisten mitten in der Arbeit, wie er bereits an das morgige Werk denkt, nachdem er das gestrige kaum beendet hat." Der Gaulois bringt ein Gespräch über Paris und die Franzosen. „Noch heute kommen mir von euch die schmeichelhaftesten Urteile", hatte Wagner gesagt. „Wie Sie sehen, habe ich keine Ursache, unzufrieden zu sein wie man sagt, und bin es auch in der Tat nicht." Der Voltaire benutzt den Anlass, seine Landsleute derb auszulachen: „In einigen Jahren wird der Lohengrin von selbst neben dem Freischütz in unsere Oper treten und ihr werdet hingehen und Lohengrin applaudieren, ihr geistreichen Leute, die ihr so schöne Witze über seinen Autor gemacht habt!"

Ein englisches Fachblatt widmet von seinen zwölf Seiten ganze elf dem deutschen Meister. „Da ist nicht eine einzige abweichende Stimme über ihn: alle stimmen darin überein, dass ‚einer von den Großen' gestorben ist und dass im Augenblick eines solchen Todes die Feindseligkeiten und Streitigkeiten ruhen müssen", heißt es dort. „Er war eine machtvolle Individualität im wirklichen Leben sowohl wie als schöpferischer Genius in dem Königreich der reinsten aller Künste. Er war eine kräftigere Individualität als alle Künstler der letzten hundert Jahre, wenn wir Beethoven ausnehmen. Er war ein Riese und riesenhaft war dem entsprechend sein Beginnen." Zur Erinnerung wird ihm der Eingang von Beethovens Marsch auf den Tod eines Helden aus der As Dur Sonate geweiht. Die Times, einst sein ausgesprochenster Gegner in London, beginnt: „Die Zeit ist ärmer um noch einen großen Mann. Für uns heute, welche Wagners Musik die Theater mit einer entzückten und begeisterten Menge füllen sieht, ist es schwer, sich die Tage zurückzurufen, in denen sein Name allgemein mit Spott genannt, seine Ideen als nicht so sehr revolutionär wie als unsinnig bezeichnet wurden." Dann wird daran erinnert, wie vor wenig Jahren Wagner selbst in einer historischen Skizze ausgesprochen habe, dass seine Aufgabe sei, nicht bloß die deutsche Musik, sondern die deutsche Zivilisation als ein Ganzes zu reformieren. „Ich kann eine nationale Kunst nicht begreifen, die von der Grundlage unserer nationalen Kultur getrennt sein soll", hatte er gesagt. „Und diese Kultur, die Summe aller Elemente der politischen und sozialen Zustände Deutschlands erscheint mir nach früher ernsten Betrachtung der Sache ein unnatürliches, engherziges, schwächliches Ding, das unfähig ist, die wahre Verwirklichung irgendeiner großen nationalen Idee zu erzeugen." Dieser wahre Charakter und diese großen Vorstellungen forderten auch einem solchen vorwiegend realistisch gesinnten und in sich selbst fest geschlossenen Volke, wie die Engländer sind, die volle Achtung ab.

So war, was selten genug geschieht, auf einen entscheidenen Augenblick die ungeheure Woge, die wir menschliches Leben nennen, in ihrer Bewegung stille gestanden, um sich zu besinnen, dass Einer gestorben war, der sich des Genius dieses Lebens besonnen und ihn wieder zum allgemeinen Bewusstsein gerufen hatte.

Wir schließen mit einem dichterischen Nachrufe, der von höherer Zinne dieses gewaltige Wollen und Wirken noch einmal überschaut: sein Verfasser heißt Walther Gottheil.

„Und wieder braust ein Wehruf durch die lande
Um einen Genius, der von hinnen schied.
Vom fernen Südmeer bis zum Ostseestrande

Ertönt wie Orgelklang ein Klagelied.
Wo deutsche Herzen für das Schöne schlagen,
Wo Ehrfurcht eine deutsche Brust durchzieht,

Entringt dem Busen sich ein tiefes Klagen,
Und ahnungsvoll beginnt es im Gemüt
Wie neuer Wahrheit Morgenlicht zu tagen.

Welch göttlich Feuer ist hier ausgeglüht!
Welch reicher Hort ging hier dem Volk verloren!
Welch Geistes Wunderblume ist verblüht!

Wie wenig Sterbliche war er erkoren,
Ein Reformator höchster Kunst zu sein,
Und alle Geister hatte er beschworen:

Vom Schacht der Vorzeit hob er keck den Stein
Und ließ uns in der Menschheit Tiefen schauen,
Bestrahlt von seines Genius Glorienschein.

Da zagend noch, mit Jubel und mit Grauen,
Gewahrt die Welt des manns Verwegenheit,
Der reckenhaft in kühnem Selbstvertrauen,

Ein Feld von Erz, getrotzt dem Strom der Zeit.
Im Adlerflug die Sonne zu erstreben.
Entfaltet er der Seele Schwingen breit.

Der Götter Kraft hatt' ihm Natur gegeben,
Drum als er jetzt vom Streich des Todes fiel,
Versank ein Ideal im Menschenleben.

Denn Menschenglück, es ward ihm reich und viel,
Und alle Herzen, die für Wahrheit schlagen,
Erbebten bei des Meisters Harfenspiel.

Wer darf im Angesicht des Todes wagen,
Den Genius, der von dannen ging, zu schmähn?
Begraben sei der Zwist aus alten Tagen,

Wer ihn nicht liebte, wird ihn nie verstehn,
Wer ihn nicht fühlt, der wird ihn nie begreifen:
Nur wer ihn ahnt, erfasst sein Sturmeswehn.

Demanten können nur Demanten schleifen,
Wer ist der Meister, der des Meisters lacht?
Wer macht das Richtschwert der Kritik ergreifen

Und künden, ob er Glück ob Schmerz gebracht?
Wer ist so selbstbewusst und so vermessen
Des Meisters Kunst zu bannen in die Acht?

Wenn einst, die heut ihn lästern, längst vergessen,
Des Tages Namen mit dem Tag verweht,
Wird unter Wahnfrieds ragenden Zypressen,

Wo still im Grün des Dichters Grabmal steht,
Ein frommer Pilgerzug vorüberziehen
Und vor der Stätte weilen im Gebet.

Und zauberhaft erscheint den Phantasien
Das Friedenstor, das zum Nirvana führt,
Von fernher rauschen Siegfrieds Melodien.

Und auf den Sang, der alle Seelen rührt,
Wird sich ein Licht vor unsern Augen breiten,
In dem das Herz die ew'ge Sonne spürt.

Schon fängt der Horizont sich an zu weiten,
Frei schwebt die Seele über Raum und Zeit:
Die Mitwelt mag an seinem Grabe streiten,
Die Nachwelt preist ihn für die Ewigkeit!"

Ende.